TOUT CE QUE VOUS AVEZ TOUJOURS VOULU SAVOIR SUR LE CONFLIT ISRAÉLO-PALESTINIEN

GUIDE VISUEL à destination des esprits curieux et pressés

Paul Gerbaud

Hatier
www.editions-hatier.fr

Collection conçue et dirigée par Philippe Tamic
Auteur : Paul Gerbaud

Mise au point des textes : Jessica Binois, Bernard Rousselot, Philippe Tamic

Réalisation éditoriale et direction artistique : ••• MediaSarbacane

Achevé d'imprimer par Lego Print à Vicenza – Italie
Dépôt légal 95824 3 /01 – Décembre 2011

 ISBN : 978-2-218-95824-3

Le conflit israélo-palestinien est à la fois l'un des plus anciens,

des plus médiatisés et des plus importants sur le plan stratégique. Il n'est pas – et de loin – le plus sanglant mais il est au cœur des relations entre monde occidental et monde musulman du nord et du sud, l'épicentre d'un éventuel choc des civilisations. Alors qu'aujourd'hui une majorité des Palestiniens reconnaissent l'existence d'Israël, et la majorité de la population israélienne accepte la création d'un État palestinien, la paix ne semble toujours pas en vue. Les blocages, la méfiance l'emportent. Le conflit du Proche-Orient est également celui qui suscite le plus de passion, aussi bien au niveau international qu'en France. À tel point que parfois on préfère ne pas en parler pour éviter les débordements. Fuir le débat n'est jamais une solution. On ne peut l'empêcher et ce n'est pas souhaitable car le risque c'est qu'il s'organise de façon plus sournoise. Le tout est d'évoquer le sujet en essayant de comprendre le point de vue des deux peuples. Et surtout de se baser sur une information précise et incontestable.

C'est le grand mérite de ce livre que de donner les étapes historiques de ce conflit si douloureux, en s'en tenant aux faits. Que la forme soit en plus agréable, ne gâche rien au tableau. Les textes sont précis et clairs, les illustrations choisies avec pertinence. Voilà qui doit donner l'information incontestable à partir de laquelle chacun est libre de forger son opinion.

Pascal Boniface

Directeur de l'IRIS
(Institut de Relations Internationales et Stratégiques)

Le **conflit** israélo-palestinien oppose, au Proche-Orient, les Palestiniens à l'État d'Israël. Il a pour sujet et pour théâtre une **région** appelée la Palestine, entre Méditerranée, Jourdain et mer Morte. Une région pas tout à fait comme les autres.

La vallée du Jourdain
Cette région du Proche-Orient s'étend de chaque côté du fleuve Jourdain. Bordée par la Jordanie à l'est, et par Israël et les territoires palestiniens de la Cisjordanie à l'ouest, elle couvre à peine 250 km de long.

La Palestine est en effet le point de rencontre des **trois grandes religions** monothéistes : le judaïsme, l'islam et le christianisme. Pour les Juifs, cette région est une terre sacrée. Elle fait partie intégrante de la terre d'Israël *(Eretz Israel)*, **la terre promise** par Dieu à Abraham, Isaac et Jacob, et à leur descendance.

La terre des douze tribus d'Israël, carte du XIXe siècle
Le terme « Canaan » est utilisé dans la Bible. Il correspond à la partie du Proche-Orient située entre la Méditerranée et le Jourdain, avant sa conquête par Josué – successeur de Moïse –, qui y installa les tribus d'Israël. Il trouve son origine dans le nom du petit-fils de Noé : Canaan. Aujourd'hui, cette région correspond plus ou moins aux territoires d'Israël, de la Palestine, de l'ouest de la Jordanie, du sud de la Syrie et du Liban.

CANAAN,
AS DIVIDED AMONG
THE TWELVE TRIBES
English Miles
0 10 20 30 40
The Cities of Refuge are underlined thus Golan
GREAT SEA
Sidon
Zarephath
R. Leontes (Litany)
Tyre
MT. LEBANON
ANTI LIBANUS
Baal Gad
DAMASCUS
MT. HERMON (SION SIRION)
DAN
Laish or Dan
Abel-beth-maachah
Kedesh
Hazar
ASHER
Abdon
Achzib
Dabbasheth
Accho
NAPHTALI
Waters of Merom
Geshurites
MANASSEH (beyond Jordan)
BASHAN
GOLAN
Hannathon
Cabul
ZEBULON
Rimmon
Beth-arbel
Migdal-el
Sea of Chinnereth
Golan
Aphek
Ashteroth Karnaim
Edrei
Bethlehem
Japhia
Hammath
Daberath
MT. TABOR
Chisloth Tabor
MT. CARMEL
R. Kishon
Jokneam
Valley of Jezreel
Endor
Nain
Shunem
Dor
Hadad Rimmon
Jezreel
ISSACHAR
Beth-shan
MT. GILBOA
LAND OF TOB
GILEAD
Taanach
Megiddo
En-gannin
Dothan
Jabesh-gilead
MANASSEH
Thebez
MT. EBAL
Tirzah
Shechem
Josephs Tomb
Jacobs Well
MT. GERIZIM
Ramoth Gilead
Succoth
R. Jabbok
Plain of Sharon
Brook Kanah
River Jordan
Mahanaim
MT. GILEAD
Lebonah
Shiloh
Japho
Ono
EPHRAIM
MOUNT EPHRAIM
Beth-Dagon
DAN
Gimzo
Gibeah
Baal-Hazor
Bethel
Rimmon
Rabbath ammon
Beeroth
Ai
Michmash
Beth-nimrah
Jericho
Abel-Shittem
Jazer
Ramah
Gibeon
Ekron
Jabneh
Ajalon
Anathoth
Gilgal
BENJAMIN
Beth Haran
Beth Jeshimoth
Zorah
MT. OF OLIVES
JERUSALEM
Timnath
Zanoah
Ashdod
Rachels Tomb
MT. NEBO
Elealeh
Heshbon
Baal-meon
Zelah
Beth-Shemesh
Bethlehem
Askelon
Gath
Jarmuth
Etam
REUBEN
Azekah
JUDAH
Socoh
Tekoa
Gedor
Mareshah
Eglon
Nezib
Beth-zur
Halhul
Gaza
Lachish
Beth Tappuah
Adoraim
Hebron
(Hazazon Tamar)
Engedi
Dibon
Aroer
Juttah
Ziph
Debir
Anab
Carmel
Maon
Eshtemoa
En-Rimmon
Socoh
R. Arnon
Gerar
Jattir
Kerioth
SALT SEA OR SEA OF THE PLAIN
MOUNTAINS OF ABARIM
PHILISTINES
SIMEON
Arad
Beer Sheba
Ar (Rabbath) Moab
MOAB
Aroer
Wilderness of Judah
Kir Moab
Brook Zered
Valley of Salt
Ziklag?
A B C D E
30′ 35° 30′ 36°
a b c d e f
33° 32°
30′

À partir de 1516, la Palestine est une province de l'**Empire ottoman**.

Au début du XIXe siècle, Istanbul administre la région sans bouleverser les hiérarchies et les coutumes locales.

Soldats ottomans durant les batailles de Gaza (1917)
Des soldats présentent le drapeau de la garde impériale ottomane. Ils défendirent Gaza lors des batailles opposant l'Empire ottoman à l'Empire britannique en 1917.

Famille de paysans
en Palestine ottomane
(Ramallah, vers 1910)

Les populations juive, chrétienne et musulmane qui y vivent ne se définissent qu'en termes de communautés religieuses et ne manifestent **aucun sentiment national**. Vers 1880, la Palestine compte moins de 20 000 Juifs pour environ 400 000 musulmans et 40 000 chrétiens. Tous vivent en harmonie.

Juifs de l'ancien yichouv (1895)
Le yichouv désigne l'ensemble des Juifs résidant en Palestine avant la création de l'État d'Israël. Cependant, on différencie l'« ancien yichouv » et le « nouveau yichouv », désignant respectivement les Juifs vivant avant 1880 en Palestine, et ceux y immigrant à partir de 1880, dans le cadre du projet sioniste.

Un petit noyau de Juifs a toujours demeuré en terre d'Israël. Mais la majorité, privée d'État et de territoire depuis la destruction du temple par les Romains (70 apr. J.-C.) et celle du royaume de Juda, a essaimé très largement dans le monde, de l'Angleterre à la Chine en passant par la Pologne, le Maroc et l'Éthiopie. Chez ces **apatrides**, la nostalgie de **Sion**, la terre promise, est purement religieuse : le rétablissement d'Israël ne passera que par la venue du Messie.

Enfants juifs avec leur professeur à Samarcande (Ouzbékistan, début du XXe siècle)

Au XIXe siècle, le **nationalisme** moderne se répand dans toute l'Europe — une doctrine selon laquelle il existerait un État-nation pour chaque peuple. Cette idée devient particulièrement populaire chez les Juifs d'Europe de l'Est, soumis à la pression brutale de l'**antisémitisme** et des pogroms, notamment dans l'Empire russe. Les anciennes thématiques religieuses d'un « retour à Sion » tendent à se transformer en construction **politique**.

Victimes de pogroms, Odessa (1905)
D'origine russe, le terme « pogrom » désigne le soulèvement d'une partie de la population contre une autre. Il est d'abord employé pour qualifier un massacre de Juifs en Russie, puis devient, de manière plus générale, synonyme d'une explosion de violence d'une communauté contre un groupe juif vivant en son sein.

Une poussée d'**antisémitisme** dans l'Empire russe, où vit alors la grande majorité des Juifs exilés à travers le monde (Diaspora), provoque une première vague d'immigration vers la Palestine : l'**« aliyah »** (littéralement « ascension » ou « élévation spirituelle »). Celle-ci compte près de 10 000 personnes, qui créent de petites colonies agricoles, principalement dans la bande côtière de la Palestine.

Paysans juifs dans la communauté rurale de Rehovot, créée en 1890

L'aliyah est un mouvement spontané, peu structuré. **Theodor Herzl**, jeune journaliste juif autrichien ébranlé par l'affaire Dreyfus en France, lui donne alors un cadre idéologique. Son livre, *L'État juif* (1896) et le premier congrès sioniste, qu'il organise à Bâle en 1897, fondent le **sionisme politique**, dont le but final est la création d'un État juif.

Theodor Herzl (1860-1904)
En 1899, le fondateur du mouvement sioniste crée le Fonds pour l'implantation juive, première banque sioniste destinée à l'achat de terres en Palestine.

Le mouvement sioniste naissant a besoin d'argent, le principe étant d'acquérir un maximum de terres auprès des propriétaires arabes pour implanter des **colonies agricoles**, fondement du futur État israélien. Theodor Herzl cherche des appuis financiers, mais les familles juives fortunées européennes restent prudentes.

Edmond James de Rothschild (1845-1934)
Dès 1882, il commence à acheter des terres en Palestine et soutient activement le mouvement sioniste. En 1924, il fonde la Palestine Jewish Colonization Association (PICA), qui acquiert plus de 50 000 hectares de terrain. On estime qu'il dépensa plus de 50 millions de dollars pour cette cause.

50

En 1903, les pogroms de Kichinev (capitale de la Moldavie) entraînent une deuxième **vague d'immigration**, qui ne prend fin qu'en 1914. Majoritairement sionistes socialistes, 30 000 à 40 000 immigrants rejoignent la Palestine. En 1909, le premier kibboutz – une exploitation agricole communautaire –, est fondé sur les rives du lac de Tibériade, provoquant de **premiers accrochages** entre immigrants juifs et Arabes palestiniens, qui craignent d'être dépossédés de leurs terres.

Bulletin de vote du mouvement sioniste russe (vers 1900)
En Russie, avant la prise de pouvoir des bolcheviques, les Juifs participèrent à une élection libre et purent choisir entre six partis différents.

שטימט פאר דעם
ציוניסטישען צעטל
№ 6
אידישע ארבייטער׳
קרעמער׳ פריקאזציקעס׳ אלע׳
וואס ליידען פון גלות און נויט׳
אייערע פריינד זיינען נאר די
ציוניסטען׳ וואס רופען צו שא
פען א אייגענעם היים פאר
אידישען פאלק..
צום אלרוסלענדישען אידישען צוזאמענפאהר!

Le 24 juillet 1908, la révolution des Jeunes-Turcs éclate dans l'Empire ottoman, opposant des réformateurs au pouvoir central du sultan Abdülhamid II. Des sociétés secrètes se forment, qui militent pour la reconnaissance du peuple arabe par l'Empire ottoman.
C'est le début du **nationalisme arabe**.

Hussein ibn Ali (1856-1931)
Chérif de La Mecque jusqu'en 1924 et roi du Hedjaz de 1916 à 1924, il joue un rôle important durant la Première Guerre mondiale lorsqu'il lance, en 1916, la révolte arabe contre l'Empire ottoman. Il est considéré comme le fondateur du panarabisme, qui a pour objectif de réunir et d'unifier les peuples arabes.

La **Première Guerre mondiale** bouleverse totalement les rapports de force dans la région du Moyen-Orient et, notamment, en Palestine.

Campement de troupes turques
en Palestine pendant la
Première Guerre mondiale.

Les Britanniques, cherchant un soutien pour ouvrir un nouveau front au sud de l'Empire ottoman, allié aux allemands, promettent un royaume indépendant aux Arabes. Ils aident donc à organiser la **révolte arabe** contre Istanbul. Celle-ci, menée par le **colonel Lawrence**, permet la conquête de la Palestine jusqu'à Jérusalem par les Britanniques en décembre 1917.

Thomas Edward Lawrence (1888-1935)
Plus connu sous le nom de Lawrence d'Arabie, cet officier britannique réussit à convaincre le chérif Hussein de se révolter contre l'Empire ottoman. En échange, Henry McMahon lui promet de rendre leur indépendance aux territoires libérés.

Toutefois, à l'issue de la guerre, les Britanniques ne peuvent tenir leurs engagements, reniant les **promesses** faites aux Arabes.
Dès mai 1916, ils signent avec les Français les accords secrets **Sykes-Picot**, qui partagent le Proche-Orient en zones d'influences britannique et française.

Carte du Proche-Orient découpé selon les accords Sykes-Picot
Le Proche-Orient est partagé en 5 zones : la zone française, la zone arabe sous influence française (A), la zone sous administration internationale (brune), la zone arabe sous influence britannique (B) et la zone anglaise.

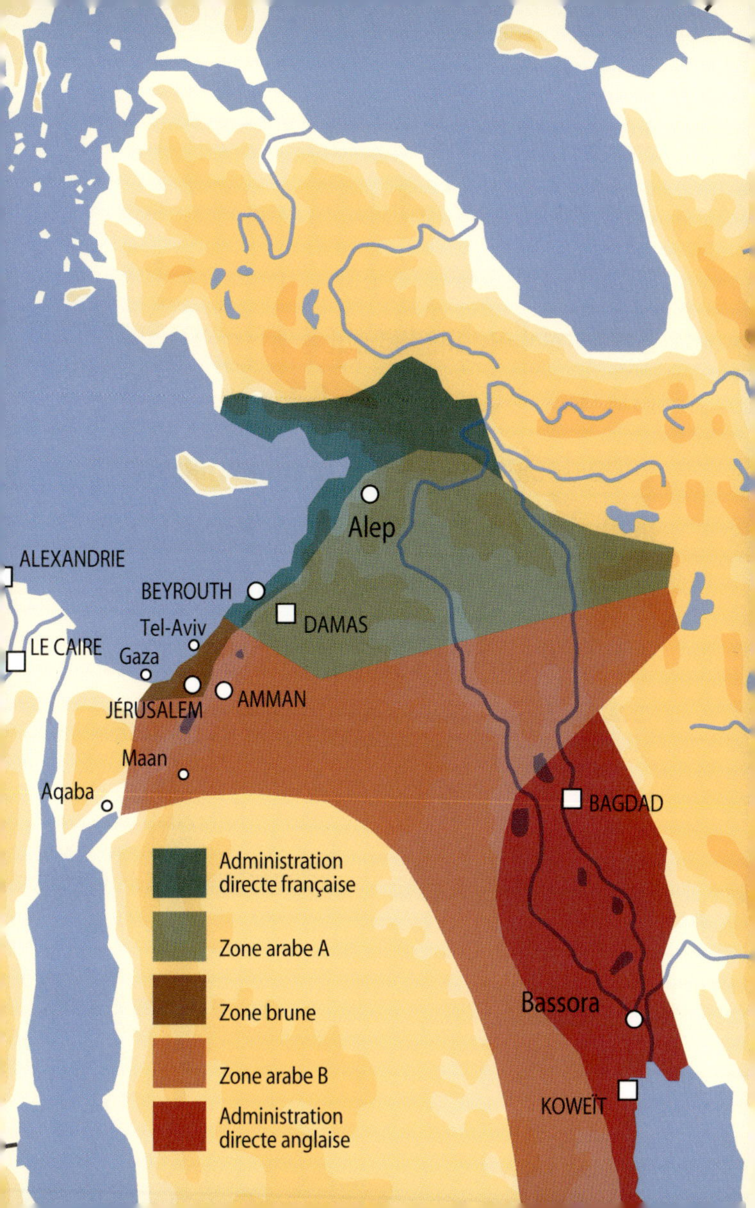

ALEXANDRIE
LE CAIRE
BEYROUTH
Tel-Aviv
Gaza
JÉRUSALEM
AMMAN
DAMAS
Alep
Maan
Aqaba
BAGDAD
Bassora
KOWEÏT
Administration directe française
Zone arabe A
Zone brune
Zone arabe B
Administration directe anglaise

Puis, en novembre 1917, ils promettent au mouvement sioniste, par la **déclaration Balfour**, l'établissement d'un **« foyer national juif »** en Palestine. Cette déclaration, qui vaut reconnaissance implicite du sionisme, est une étape déterminante dans le processus historique qui va mener à la création de l'État d'Israël.

Lord Balfour (1848-1930)
Premier ministre du Royaume-Uni et chef du parti conservateur, il publie, en 1917, une lettre d'intention qui porte son nom. Elle proclame que le Royaume-Uni soutient la création d'un foyer national pour le peuple juif en Palestine. D'après les rumeurs de l'époque, l'objectif est de rallier le soutien de la communauté juive américaine à l'entrée en guerre des États-Unis.

Le texte, pourtant court, contient en germe l'ensemble des problématiques que posera la cohabitation entre Juifs et Arabes en Palestine. La déclaration, arrachée aux Anglais, doit beaucoup à l'opiniâtreté de deux hommes, **Chaïm Weizmann** et **Zeev Jabotinsky**, qui, très tôt, ont compris que la guerre allait radicalement changer la situation en Palestine.

Fac-similé de la déclaration Balfour (2 novembre 1917)
Cette lettre ouverte est adressée à lord Lionel Walter Rothschild (1868-1937). Celui-ci joue alors les intermédiaires entre Balfour et Chaïm Weizmann, président de la Fédération sioniste.

Foreign Office,

November 2nd, 1917.

Dear Lord Rothschild,

I have much pleasure in conveying to you, on behalf of His Majesty's Government, the following declaration of sympathy with Jewish Zionist aspirations which has been submitted to, and approved by, the Cabinet

"His Majesty's Government view with favour the establishment in Palestine of a national home for the Jewish people, and will use their best endeavours to facilitate the achievement of this object, it being clearly understood that nothing shall be done which may prejudice the civil and religious rights of existing non-Jewish communities in Palestine, or the rights and political status enjoyed by Jews in any other country"

I should be grateful if you would bring this declaration to the knowledge of the Zionist Federation.

Le gouvernement de Sa Majesté envisage favorablement l'établissement en Palestine d'un foyer national pour le peuple juif, et emploiera tous ses efforts pour faciliter la réalisation de cet objectif, étant clairement entendu que rien ne sera fait qui puisse porter atteinte, ni aux droits civiques et religieux des collectivités non juives existant en Palestine, ni aux droits et au statut politique dont les Juifs jouissent dans tout autre pays.

Chaïm Weizmann est le dirigeant du mouvement sioniste à Londres. Il est aussi un chimiste hors pair. En 1916, il met au point un procédé scientifique qui pèse lourd dans les pourparlers avec lord Balfour.
C'est lui qui négocie avec les Arabes sur la question de la présence juive en Palestine à l'issue de la guerre, avant de devenir le **premier président de l'État d'Israël**.

Chaïm Weizmann (1874-1952)
En 1916, il met au point un procédé permettant de produire d'importantes quantités d'acétone, substance essentielle à la fabrication d'explosifs pour les Alliés.

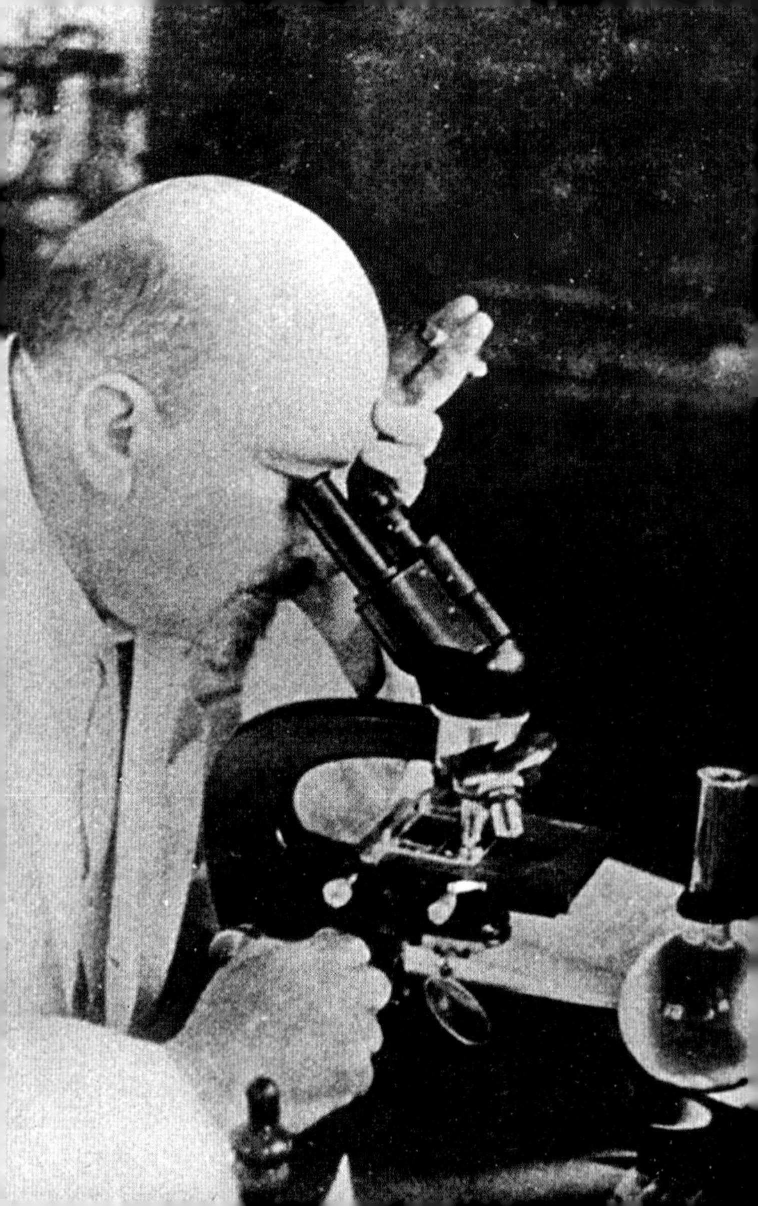

Avec Weizmann, **Zeev Jabotinsky**, qui sera élu membre de la direction sioniste en 1921, comprend très tôt que les Juifs doivent aider les Britanniques à s'emparer de la Palestine, dans l'espoir que le Royaume-Uni favorise leur cause. Il conçoit alors l'idée d'une force militaire juive, la **légion juive**, qui s'engage quelques mois avant la fin de la guerre, notamment dans la vallée du Jourdain.

Zeev Jabotinsky (1880-1940)
Chef de file de l'aile droite du mouvement sioniste, il fonde officieusement, durant la Première Guerre mondiale, la légion juive.

En 1919, lors de la conférence de paix de Paris, les États victorieux se partagent l'Empire ottoman et décident la mise en place de mandats. Les représentants sionistes et arabes y font également valoir leurs revendications. **Chaïm Weizmann** et **Fayçal ibn Hussein** négocient un accord, dans lequel ce dernier reconnaît la légitimité des aspirations sionistes en Palestine, à condition que les Britanniques respectent leur promesse d'indépendance faite aux Arabes.

L'émir Fayçal à la conférence de paix de Paris (Versailles, 1919)
En arrière-plan, de gauche à droite : Rustum Haidar, Nouri Saïd, le capitaine Pisani, le colonel Lawrence, l'esclave et garde du corps soudanais de Fayçal et le capitaine Hassan Khadri.

Le 24 juillet 1922, la Société des Nations donne aux autorités britanniques un **mandat sur la Palestine** entérinant de fait la déclaration Balfour, puisque l'établissement d'un foyer national juif est dès lors partie intégrante de leurs missions. Les territoires du mandat britannique correspondent à l'Israël moderne, aux territoires palestiniens et à la Jordanie.

Conférence du Caire (1921)
Au premier plan, de gauche à droite : le colonel Lawrence, l'émir Abdallah Ier de Jordanie, sir Geoffrey Salmond, sir Wyndham Deedes et Herbert Samuel (1870-1963). En 1920, celui-ci devient le premier haut-commissaire en Palestine.

Fayçal et la dynastie hachémite privilégient donc la question de l'indépendance d'un royaume arabe sur les décombres de l'Empire ottoman, **laissant de côté** les inquiétudes exprimées par les Arabes de Palestine.

Fayçal Ier (1883-1933)
Fils du chérif Hussein, il est nommé roi de Syrie par les Anglais en 1920. Il devient, un an plus tard, souverain du royaume d'Irak, fonction qu'il exerce jusqu'à sa mort, en 1933.

Parallèlement, les espoirs suscités par la déclaration Balfour et les révolutions en Russie provoquent de nouvelles vagues migratoires juives vers la Palestine. Les **tensions entre communautés juive et arabe** ne cessent de s'accroître, culminant à Jérusalem en avril 1920 et à Jaffa en mai 1921. Les autorités sionistes tentent alors d'engager le dialogue avec les représentants arabes, tout en organisant l'**autodéfense** des colons.

Civils contrôlés par la police anglaise à Jérusalem (avril 1920)
Quelques jours avant que soit débattu le sort de la région à la conférence de San Remo, des émeutes éclatent à Jérusalem. Fomentées par des leaders nationalistes pro-Fayçal et probablement soutenues par de hauts officiers britanniques, elles font une dizaine de morts et près de 250 blessés.

La **Haganah** est créée à Jérusalem début 1920. Cette force de protection clandestine s'appuie sur l'expérience des bataillons de la Légion juive engagée contre les Ottomans en 1918. La communauté juive de Palestine refuse que la menace des pogroms gagne la terre promise.

Moshe Dayan (1915-1981)
Futur chef de l'armée de défense israélienne (Tsahal), dont la Haganah est l'ancêtre, il porte ici l'emblème de la Ghaffir (police auxiliaire juive fondée par les Britanniques en Palestine) sur son chapeau *kolpak*.

Pour répondre aux termes du mandat confié aux Britanniques, un pouvoir exécutif est créé, qui prend le nom d'**Agence juive**, en 1929, et qui organise et favorise la poursuite d'une large immigration juive.
L'Agence juive devient progressivement un proto-État doté d'une assez grande autonomie au sein du mandat britannique.

Passeport palestinien
Le 1er août 1925, l'Ordonnance sur la citoyenneté palestinienne est promulguée. La nationalité palestinienne est attribuée à tout sujet turc établi en Palestine. De plus, les immigrants juifs y ont facilement accès via un processus de naturalisation. Cette décision ne s'applique pas à la Transjordanie, détachée de la Palestine par les Britanniques, et cédée à l'émir Abdallah Ier, de la dynastie hachémite.

86944
BRITISH PASSPORT
PALESTINE
Mr RAFAEL ROSCHANSKI

Les **tensions** entre communautés juive et arabe s'accroissent en conséquence. La population arabe rejette le projet sioniste et aspire également à son indépendance. Des manifestations sont organisées à la fois contre l'immigration juive et contre les Britanniques. Les communautés se **radicalisent**.

Village arabe de huttes en terre en Palestine (vers 1930)

קבוצת הקטיף במשק „לאמפרט"
כפר-סבא ת"ש.

Cueillette des agrumes
Agriculteurs juifs à Kfar Saba à la fin des années 1930. Le poids démographique des Juifs s'accroît sensiblement. La population juive passe de 83 000 à 175 000 personnes entre les deux recensements réalisés par les autorités mandataires, en 1922 et 1931.

Les Britanniques, dont les forces de maintien de l'ordre sont insuffisantes, cherchent à calmer le jeu. Ils publient en 1929 un livre blanc tendant à **atténuer l'immigration juive** en Palestine. Le document cherche à **contenir le ressentiment arabe** en donnant le contrôle des terres situées à l'est du Jourdain (appelées Transjordanie) à l'émir Abdallah (fils de Hussein). Pour les sionistes les plus extrêmes, c'est une partie du Grand Israël qui leur échappe.

Agent de police britannique posant à côté d'un officier de la Ghaffir en Palestine (vers 1938)

En août **1929**, des échauffourées devant le Mur des lamentations, à Jérusalem, dégénèrent en explosion de violence. Les très anciennes communautés juives d'**Hébron** et de **Safed** sont attaquées et massacrées par des Arabes palestiniens avec la complicité des policiers locaux. La Haganah réplique. Les affrontements font 250 morts.

Convoi funéraire à Tel-Aviv (1929)
Les massacres d'Hébron et de Safed sont particulièrement sanglants, mais d'autres tueries se produisent à Motza, Kfar Ouriyah, Jérusalem et Tel-Aviv.

Pendant ce temps, la montée du nazisme en Allemagne relance l'immigration juive depuis l'Europe centrale.

La **cinquième Aliyah** (1929-1939) est particulièrement importante, d'un point de vue démographique (180 000 personnes),

Camions de sionistes juifs chargés de matériaux de construction
Le 6 juillet 1937, des bénévoles juifs établissent la première communauté coopérative (le kibboutz Ein Gev) sur les côtes de Galilée.

mais aussi parce qu'elle amène une population relativement riche et éduquée. La communauté juive s'en trouve renforcée. Par réaction, le **nationalisme palestinien** s'exacerbe à la fois contre l'immigration juive et contre le mandat britannique.

En 1936, une grève de l'impôt, suivie d'une grève générale, aboutit à une longue et violente **rébellion arabe** qui fait plusieurs milliers de morts jusqu'en 1939. L'objectif des chefs arabes palestiniens est de se diriger vers l'indépendance de leur pays. Un leader arabe émerge, qui va jouer un rôle politique grandissant, **Amin al-Husseini**.

Mohammed Amin al-Husseini (1895-1974), photographié en 1929
Grand mufti de Jérusalem de 1921 à 1948, il est le leader du nationalisme palestinien. Pendant la Seconde Guerre mondiale, il se réfugie en Allemagne nazie, avec laquelle il collabore. Il s'est opposé toute sa vie à l'établissement des Juifs en Palestine.

La commission Peel, chargée de trouver une solution au conflit, propose, en juillet 1937, la création de **deux États** : un État arabe et un État juif. Les représentants arabes refusent, contrairement aux sionistes. Parallèlement, l'idée d'un **État binational** (un seul État pour toutes les communautés) fait son chemin chez certains intellectuels juifs, proposition qui, depuis, n'a jamais émergé, sans doute parce qu'elle exige une stricte laïcité des institutions.

Carte de la répartition
des terres proposée par
la commission Peel en 1937

BEYROUTH
Syrie
(sous mandat français)
DAMAS
Litani
Acre
Haïfa
Nazareth
Lac de Tibériade
Yarmouk
Mer Méditerranée
Djenin
Naplouse
Jourdain
Tel-Aviv
Ramla
JÉRICHO
AMMAN
JÉRUSALEM
Bethléem
Gaza
Hébron
Mer Morte
Khan Younès
Beersheba
Transjordanie
(sous mandat britannique)
Égypte
Mer Rouge
État juif
État arabe
Zone neutre internationale

Devant les menaces de guerre contre l'Allemagne, les Anglais redoublent de prudence pour **ménager les Arabes**, afin d'éviter qu'ils ne rejoignent les forces de l'Axe. En mai 1939, un **nouveau livre blanc** réduit drastiquement l'immigration juive en Palestine et interdit la vente de terres aux Juifs sur 80 % du territoire. Les Britanniques envisagent alors l'indépendance de la Palestine sous dix ans.

Officiers armés de la force de police palestinienne interrogeant des Arabes palestiniens (1938)
Durant la grande révolte arabe de 1936-1939, la Grande-Bretagne déploie 20 000 soldats supplémentaires en Palestine pour contrer la dissidence arabe.

Ce livre blanc divise les institutions sionistes. Mais la majorité des Juifs de Palestine se range **du côté des Britanniques** dès le début de la guerre, même si ceux-ci traquent toujours les immigrants illégaux.

Ben Gourion, le leader de la communauté sioniste, déclare : « Nous aiderons les Britanniques dans la guerre comme s'il n'y avait pas de livre blanc et nous lutterons contre le livre blanc comme s'il n'y avait pas la guerre. »

David Ben Gourion (1886-1973), photographié en 1941
Président de l'Agence juive en 1935, il est l'un des fondateurs du parti travailliste israélien et devient, en 1948, le premier Premier ministre d'Israël.

En **1940**, la majorité des sionistes décide que la situation en Europe est plus grave que celle du foyer national juif et conclut un **accord avec les Britanniques** pour participer à des actions offensives. La peur d'une arrivée des troupes nazies en Palestine en cas de victoire de l'Allemagne est réelle. De nombreux Juifs **s'engagent** donc dans les troupes britanniques.

Entraînement des recrues juives du régiment « Palestine » de l'armée britannique (1942)

En 1941, en Europe, le **génocide** qui verra la mort de plus de 5 millions de Juifs est enclenché. La question de l'immigration juive en Palestine devient donc particulièrement épineuse. Devant l'intransigeance des Britanniques sur cette question, une partie des sionistes entrent en **conflit déclaré** avec le Royaume-Uni à cause de l'accentuation de l'immigration illégale et des attentats.

Avraham Stern (1907-1942)
Il est l'un des fondateurs du groupe de lutte armée Lehi, qui comprend notamment dans ses rangs Yitzhak Shamir, futur Premier ministre d'Israël. Lorsqu'éclate la Seconde Guerre mondiale, Stern récuse le cessez-le-feu ratifié par la Grande-Bretagne et les forces armées sionistes. Il se lance alors avec ses complices dans une série d'attentats visant les Britanniques et les Juifs qui collaborent avec la Grande-Bretagne. Stern est abattu en 1942 par l'armée du Royaume-Uni.

Du côté arabe, la tentation est grande de soutenir les forces de l'Axe, pour contrecarrer les Britanniques. D'autant que l'Afrikakorps, le corps expéditionnaire allemand, s'installe en Égypte. **Amin al-Husseini**, réfugié en Allemagne nazie, lance des appels aux musulmans du Moyen-Orient pour qu'ils se rallient à l'Allemagne **contre l'occupant britannique et les Juifs**. Mais la majorité de la population arabe palestinienne, sous le choc de la répression anglaise et satisfaite des promesses du livre blanc de 1939, **ne bouge pas**.

Amin al-Husseini visitant la 13e division de montagne de la *Waffen-SS Handschar*, presque entièrement composée de musulmans de Bosnie

Parallèlement, la promesse britannique d'un État palestinien à majorité arabe continue d'**inquiéter** fortement les dirigeants sionistes, qui voient de plus en plus les États-Unis comme un allié potentiel. En 1942, lors du congrès de Biltmore, aux États-Unis, le mouvement annonce qu'il revendique un **État juif** sur l'ensemble de la Palestine.

Henrietta Szold (1860-1945)
Cette féministe américaine milite pour la réconciliation des Juifs et des Palestiniens. Entourée de grandes figures du sionisme comme Judah Magnes, elle forme un petit parti, l'Ihud, signifiant, en français, « unification ». Ce dernier propose la création d'un État binational, dans lequel Juifs et Palestiniens seraient des citoyens égaux. Particulièrement minoritaire, ce courant politique ne pèse guère au congrès de Biltmore face aux partis sionistes.

Estimant la guerre gagnée, l'exécutif sioniste reprend l'affrontement direct avec les Britanniques à partir de **1944**. Celui-ci culmine avec l'assassinat de lord Moyne au Caire en 1944 et l'attentat contre l'**hôtel King David**, centre de l'administration britannique à Jérusalem, en 1946.

Soldats britanniques cherchant des survivants à l'attentat (1946)
L'attentat contre l'hôtel King David est l'opération la plus meurtrière des groupes armés sionistes lors de la campagne d'attentats de 1944-1947. L'Irgoun, le groupe terroriste à l'origine de cet attentat, affirmera plus tard, pour se défendre, avoir prévenu les Britanniques, mais que ceux-ci n'en auraient pas tenu compte.

Dés la fin de la guerre, la Palestine est la destination naturelle des **Juifs rescapés** des persécutions nazies. Les Britanniques tentent de contenir l'immigration juive en interceptant les bateaux et en internant les réfugiés sur l'île de Chypre : une tâche assez ingrate pour l'autorité mandataire, accusée d'**inhumanité**.

Rescapés des camps de concentration (1945)
Ces jeunes rescapés brandissent le drapeau d'Israël (dont l'origine remonte au mouvement sioniste du XIXe siècle)sur le pont du Mataroa, en provenance de France, dans le port d'Haïfa, ville israélienne.

Parrallèlement, le 23 mars 1945 est fondée au Caire, avec la bienveillance britannique, la **Ligue arabe** (Arabie saoudite, Égypte, Irak, Libye, Syrie et Transjordanie), visant à affirmer tout à la fois l'unité de la « nation » arabe et l'indépendance de chacun de ses membres. La ligue déclare s'emparer de la question palestinienne.

Emblème de la Ligue arabe
Créée en 1945 dans le but de contrer l'ingérence des puissances coloniales européennes dans le monde arabe, la ligue considère illégitime l'État d'Israël dès 1948. De nombreux sommets sont par la suite consacrés à la question israélo-palestinienne. Les résolutions les plus importantes prises par la ligue concernent d'ailleurs directement la Palestine.

جامعة الدول العربية

En février 1947, les Britanniques, **dépassés** par la violence et l'agitation sionistes, annoncent leur souhait de remettre leur mandat aux **Nations unies**.
Les **États-Unis**, favorables à la solution de partition en deux États indépendants, s'impliquent dans le dossier.
L'idée d'un **État refuge** en Terre sainte pour les rescapés de la Shoah s'impose dans l'opinion occidentale, surtout après le tragique épisode de l'***Exodus***.

L'*Exodus*, portant une banderole « Haganah ship », 1947
En juillet 1947, ce bateau à vapeur, surchargé de rescapés de la Shoah, est intercepté par la marine britannique près de Gaza. Les réfugiés sont renvoyés sans ménagement en Allemagne, où ils arrivent en septembre à l'issue d'un périple de plusieurs semaines. Le gouvernement britannique, unanimement critiqué pour son manque d'humanité, est conforté dans sa décision d'évacuer la Palestine.

HAGANAH Ship
EXODUS 1947

Le 29 novembre 1947, par la résolution 181, l'Assemblée générale des Nations unies se prononce en faveur d'un **plan de partage** de la Palestine en **deux États**, l'un arabe, l'autre juif, Jérusalem faisant l'objet d'une administration internationale. Les sionistes y sont favorables, mais pas les Arabes, dont l'opinion publique s'enflamme. Cette fois-ci, une **guerre civile** entre les communautés arabe et juive se profile.

Plan de partage de la Palestine selon la résolution 181 de l'ONU
En 1947, la population palestinienne comprend un tiers de Juifs.
L'État juif projeté regroupait une majorité de Juifs,
de même que l'État arabe était peuplé à 99 % d'Arabes.
À Jérusalem, on aurait dénombré 100 000 Juifs pour 105 000 Arabes.
L'État juif projeté est un peu plus grand que l'État arabe, mais
40 % de son territoire est occupé par le désert du Néguev.

Liban
BEYROUTH
DAMAS
Litani
Syrie
Acre
Haïfa
Nazareth
Lac de Tibériade
Yarmouk
Mer Méditerranée
Djenin
Jourdain
Naplouse
Tel-Aviv
AMMAN
Ramla
JÉRICHO
JÉRUSALEM
Bethléem
Mer Morte
Gaza
Hébron
Khan Younès
Beersheba
Transjordanie
Égypte
État juif
État arabe
Ville de Jérusalem
Mer Rouge

La **lutte armée** débute dès décembre 1947. Aux raids sionistes sur des villages arabes répondent des embuscades palestiniennes sur les convois de la Haganah. Les troupes britanniques ne s'interposent pas ou peu. Bien structurées et mieux préparées, les organisations armées juives prennent le dessus. C'est le début de l'**exode** pour les populations palestiniennes arabes.

Médecin juif venant en aide à un membre de la Haganah blessé (Tel-Aviv, 21 décembre 1947)
De violentes batailles ont lieu dans toutes les zones mixtes, dans lesquelles vivent des Juifs et des Arabes.

אמבולנס

Le **14 mai 1948**, le Royaume-Uni met fin à son mandat en Palestine, laissant face à face Juifs et Arabes. Le même jour, les autorités sionistes annoncent la **création de l'État d'Israël**. Les pays arabes voisins lui déclarent immédiatement la **guerre**.

Drapeau israélien brandi par un enfant et son père, après le retrait britannique de la Palestine (mai 1948)

Ben Gourion prononçant officiellement la déclaration d'indépendance de l'État d'Israël (Tel-Aviv, 14 mai 1948)
Au-dessus de lui est accroché un portrait de Theodor Herzl, le fondateur du mouvement sioniste. Cette déclaration définit en 19 paragraphes les statuts de l'État d'Israël. Les États-Unis ainsi que l'URSS reconnaissent ce nouvel État seize minutes plus tard.

« En conséquence, nous, membres du conseil représentant la communauté juive de Palestine et le mouvement sioniste, nous nous sommes rassemblés ici, en ce jour où prend fin le mandat britannique et en vertu du droit naturel et historique du peuple juif et conformément à la résolution de l'assemblée générale des Nations unies, nous proclamons la création d'un État juif en terre d'Israël qui portera le nom d'État d'Israël. »

Le **15 mai 1948**, les troupes égyptiennes, transjordaniennes, irakiennes et syriennes franchissent simultanément la frontière et s'engagent dans les combats. Face à elles, la force d'autodéfense (la Haganah) et son unité de choc (le Palmach) se transforment en armée nationale : la **Tsahal**. La **première guerre israélo-arabe** est enclenchée. Côté israélien, on l'appelle « guerre d'indépendance d'Israël ».

Carte représentant l'encerclement de l'État d'Israël par les troupes libanaises, syriennes, irakiennes, transjordaniennes, égyptiennes et palestiniennes durant la première guerre israélo-arabe, en 1948

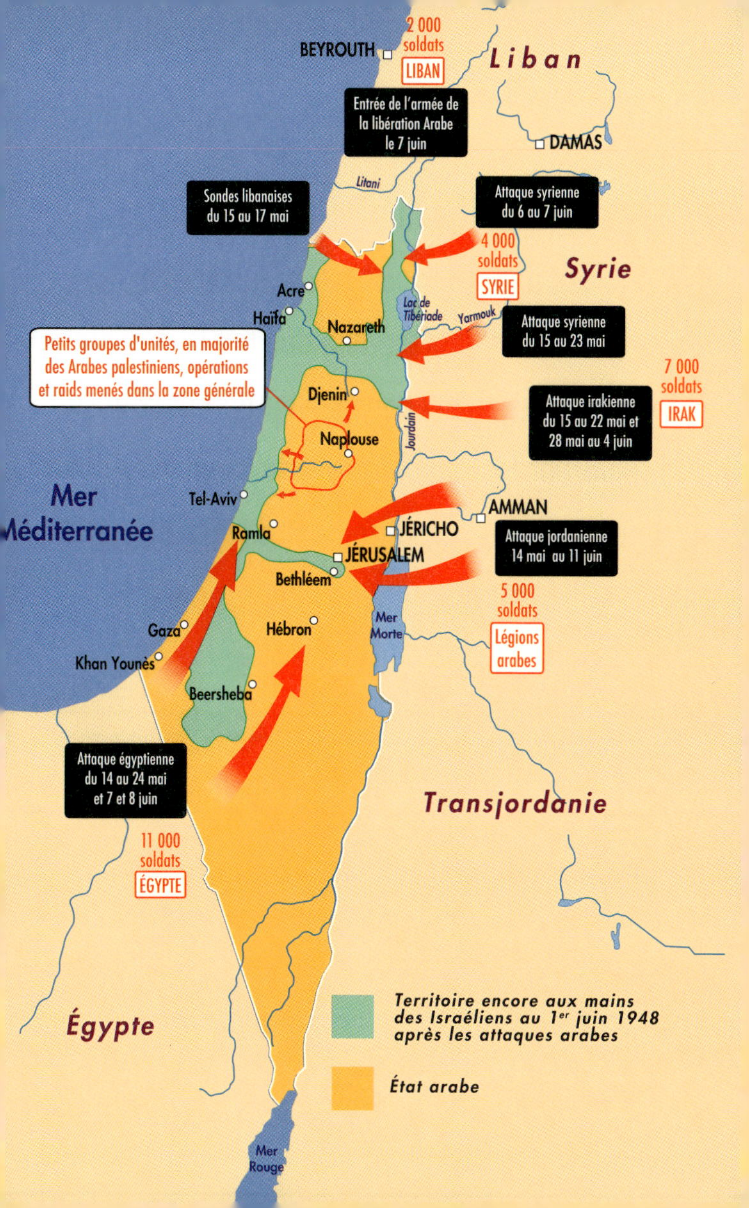
2 000
soldats
LIBAN
BEYROUTH
Liban
Entrée de l'armée de la libération Arabe le 7 juin
DAMAS
Litani
Sondes libanaises du 15 au 17 mai
Attaque syrienne du 6 au 7 juin
4 000
soldats
SYRIE
Syrie
Acre
Haïfa
Nazareth
Lac de Tibériade
Yarmouk
Attaque syrienne du 15 au 23 mai
Petits groupes d'unités, en majorité des Arabes palestiniens, opérations et raids menés dans la zone générale
7 000
soldats
IRAK
Djenin
Attaque irakienne du 15 au 22 mai et 28 mai au 4 juin
Jourdain
Naplouse
Mer
Méditerranée
Tel-Aviv
AMMAN
JÉRICHO
Ramla
JÉRUSALEM
Attaque jordanienne 14 mai au 11 juin
Bethléem
5 000
soldats
Légions arabes
Mer
Morte
Hébron
Gaza
Khan Younès
Beersheba
Attaque égyptienne du 14 au 24 mai et 7 et 8 juin
Transjordanie
11 000
soldats
ÉGYPTE
Territoire encore aux mains des Israéliens au 1er juin 1948 après les attaques arabes
État arabe
Égypte
Mer
Rouge

Du 15 mai au 11 juin 1948, les deux camps subissent de lourdes pertes. Une **trêve** d'un mois est alors demandée par le médiateur de l'ONU. Les deux camps en profitent pour se renforcer. Les Israéliens réussissent mieux leur mobilisation et se retrouvent **supérieurs** en nombre et en matériel pour affronter des adversaires politiquement et géographiquement divisés et dont la préparation militaire s'avère insuffisante.

Maire d'un quartier juif escorté par des soldats arabes aux quartiers généraux de la Ligue arabe (1er juin 1948)
Le 28 mai 1948, la Légion arabe s'empare du quartier juif de Jérusalem. Cette perte est hautement symbolique pour les Juifs, puisque se situent dans ce quartier le Mur des lamentations ainsi que de nombreuses synagogues.

Tandis que l'ONU travaille à des plans de partage, les Israéliens lancent, de juillet 1948 à mars 1949, une série d'opérations militaires qui rencontrent le succès. Début 1949, quatre **conventions d'armistice** sont signées entre Israël et les États arabes voisins, sous les auspices de l'ONU. Mais l'intransigeance des parties rend **impossible** la signature d'un traité de paix.

Soldats israéliens levant le drapeau de l'État d'Israël à Um Rashrash (Jordanie, 10 mars 1949)
Ce lever de drapeau signe la fin de la conquête du Néguev, région désertique qui passe sous le contrôle israélien.

À l'issue des combats, la **nouvelle carte** de la Palestine est significative : il y a un vainqueur, l'État d'Israël, qui engrange des gains territoriaux considérables, et un vaincu, la Palestine arabe, qui a littéralement disparu. La bande de Gaza, occupée par l'Égypte, et la Cisjordanie, annexée par la Jordanie, ne donnent pas naissance à un État palestinien. Le projet d'État prévu par la résolution 181 de 1947 est donc **mort-né**.

Carte de l'État d'Israël en 1949
78 % du territoire de l'ancienne Palestine mandataire sont sous le contrôle des Israéliens. Le reste est occupé par l'Égypte, qui contrôle la bande de Gaza, et par la Transjordanie, qui possède la Cisjordanie et Jérusalem-Est. La frontière issue des accords de cessez-le-feu sera par la suite connue sous le nom de « Ligne verte ».

Liban
Litani
Qiryat Shemona
Syrie
Nahariya
Acre
Galilée
Haïfa
Lac de Tibériade
Yarmouk
Nazareth
Afula
Mer Méditerranée
Hadera
Djenin
Jourdain
Tulkarem
Herzliya
Naplouse
Cisjordanie
Tel-Aviv
Salt
Lydda
Ramallah
Rishon Le Ziyyon
Ramla
JÉRICHO
AMMAN
JÉRUSALEM
Ashkelon
Bethléem
Gaza
Mer Morte
Hébron
Khan Younès
Rafah
Beersheba
Désert du Néguev
Transjordanie
Plan de partage1947
Conquête de 1948-1949
Égypte
Eilat
Conquête de la Cisjordanie en 1948-1949
Mer Rouge
Bande de Gaza sous contrôle égyptien

Pour les Arabes palestiniens, **l'exode** déclenché par les victoires israéliennes entre 1947 et 1949 est appelé la **Nakba** (de l'arabe *al-Nakbah*, signifiant « désastre », « catastrophe », « cataclysme »).

Fillette arabe manifestant le jour de la Nakba à Hébron (15 mai 2010)
Il est écrit sur sa pancarte : « Nous retournerons en Palestine. » Chaque année, les commémorations de la Nakba rappellent les revendications du droit au retour des Palestiniens. Celles de 2011, très violentes, se sont soldées par la mort de 12 Palestiniens, l'armée israélienne ayant ouvert le feu sur des manifestants.

Nakba
حتماً
سنعود
فلسِطين

Pendant cette période, environ **750 000 Arabes** (sur un total de 900 000) fuient ou sont expulsés de Palestine.

L'ampleur de l'exode

— et l'effondrement de la société arabe palestinienne qu'il provoque — est considérable : faut-il l'attribuer à la démission des chefs arabes ? À un ordre d'évacuation ? À la peur des atrocités ? À un plan d'expulsion systématique prévu par les sionistes ? Ces causes font encore l'objet de controverses.

Réfugiés arabes évacuant le village de Zenin (mai 1948)
Durant cette période, des villes palestiniennes, comme Haïfa, Tibériade, Beisan, Safed ou encore Jaffa, perdent plus de 90 % de leur population arabe.

Privés d'un État indépendant et donc de toute la citoyenneté, les Arabes palestiniens deviennent des **apatrides**. Ils sont regroupés dans des **camps**, construits en hâte, qui deviennent rapidement de véritables petites villes. Une agence de l'ONU chargée de l'assistance aux réfugiés est spécialement créée en décembre 1949 : l'Unrwa.

Camp de réfugiés palestiniens (1948)
Les camps s'installent à l'extérieur d'Israël, au-delà de la Ligne verte : en Cisjordanie, à Gaza et dans les États arabes voisins (Transjordanie, Syrie et Liban).

Le problème des **réfugiés palestiniens** devient dramatique, car cette population n'a jamais été absorbée par les pays d'accueil (Jordanie, Liban, Égypte), sinon au compte-gouttes.
Le **retour** de cette population sur des territoires aujourd'hui israéliens est revendiqué par les dirigeants palestiniens.

Emblème de l'Unrwa
L'Office de secours et de travaux des Nations unies pour les réfugiés de Palestine dans le Proche-Orient (Unrwa) considère comme réfugié palestinien toute personne qui habitait en Palestine entre juin 1946 et mai 1948, et qui n'a plus de domicile ni de moyens de subsistance en raison du conflit israélo-arabe de 1948. En 1950, le nombre de réfugiés palestiniens enregistrés était de 700 000. Mais cette définition s'applique également aux descendants de ces Palestiniens : en 2005, les réfugiés étaient près de 4,8 millions.

unrwa

الاونروا

the un agency for
palestine refugees

وكالة الأمم المتحدة
للاجئين الفلسطينيين

La fin de la première guerre israéalo-arabe marque aussi le début d'une nouvelle et importante **vague d'immigration de Juifs** en provenance des pays arabes et européens.
Une série d'opérations programmées est mise en œuvre par les Israéliens, comme au Yémen (opération *Tapis volant*) ou en Irak (opérations *Ezra* et *Néhémie*).

Juifs yéménites dans un avion, immigrant en Israël (vers 1950)
L'opération *Tapis volant* est menée clandestinement entre 1949 et 1950. Il s'agit de transférer presque entièrement la communauté juive du Yémen (environ 49 000 personnes) en Israël. La plupart n'ont jamais vu d'avion. Certains d'entre eux auraient donc cru que la prédiction biblique selon laquelle Dieu ramènerait les exilés d'Israël vers Sion s'était accomplie.

Rapidement, des petits groupes de **Palestiniens** organisent des **raids** en Israël à partir de la bande de Gaza, de la Syrie et de la Jordanie. Ces infiltrations sont d'abord le fait de réfugiés qui tentent de récupérer une partie de leurs biens abandonnés. Un cycle d'attaques et de représailles se met alors en place. Ces infiltrés sont appelés **« fedayins »** (qui signifie « celui qui se sacrifie pour quelque chose ou quelqu'un »).

Soldats israéliens surveillant des champs à proximité d'un village arabe (novembre 1953)

עצור!
הגבול

En 1956, Nasser, qui a pris le pouvoir en Égypte, décide de nationaliser le canal de Suez. Un **accord secret** est signé entre la France, le Royaume-Uni et Israël. Objectifs : renverser Nasser et récupérer le canal. Mais pour Israël, il s'agit aussi de faire cesser le soutien égyptien aux infiltrations de fedayins palestiniens à partir de Gaza.

La **crise de Suez** tourne à l'avantage de Nasser. Les États-Unis et l'URSS obligent les anciennes puissances coloniales, la France et la Grande-Bretagne, à un cessez-le-feu.

Soldat de la force armée des Nations unies, après l'accord de cessez-le-feu (Suez, décembre 1956)

Toutefois, pour Nasser, la question nationale palestinienne passe au second plan, voire contredit son aspiration au panarabisme (unité du monde arabe).
Chez les Palestiniens qui veulent poursuivre la lutte, la conviction que leur libération ne viendra que d'eux-mêmes s'installe donc.
En 1959, **Yasser Arafat** fonde le **Fatah**.

Yasser Arafat (1929-2004)
Né de parents palestiniens, il abandonne ses études à l'université du Caire à 18 ans pour participer aux combats en Palestine. Durant la crise du canal de Suez, il sert dans l'armée égyptienne en tant que sous-lieutenant. Après la victoire de l'armée israélienne, il s'écarte progressivement des dirigeants arabes, incapables selon lui de libérer la Palestine. Il crée alors le Fatah.

Le **Fatah** appelle à la lutte contre l'État d'Israël avec comme grand objectif de « libérer tout le territoire palestinien de l'entité sioniste ». Le Fatah s'installe à **Gaza**. Il réunit des armes, organise des camps d'entraînement de fedayins et établit des bases le long des frontières, y compris en **Cisjordanie**. Sa première opération militaire – la destruction d'une pompe à eau israélienne – intervient fin 1964.

Écusson du Fatah
Cette organisation politique et militaire palestinienne est fondée par Arafat en 1959. Le terme « Fatah » est en fait un acronyme. Le nom complet de cette organisation signifie en français « Mouvement national palestinien de libération ».

العاصفة

En tant que leader arabe, Nasser doit montrer son soutien aux Palestiniens. Mais il s'inquiète dans le même temps de la présence sur son sol de commandos palestiniens incontrôlés. À son instigation, la Ligue arabe se réunit en mai 1964 pour créer l'**Organisation de libération de la Palestine** (OLP).
Mais la guerre des Six-Jours change la donne géopolitique au Proche-Orient.
Le mouvement se radicalise, faisant place au **terrorisme** palestinien.

Emblème de l'OLP
Conçue à l'origine par la Ligue arabe comme un mouvement nationaliste de libération de la totalité de la Palestine, le mouvement se mue progressivement en organisation de guérilla palestinienne aprés la débâcle des armées arabes pendant la guerre des Six-Jours de 1967.

منظمة التحرير الفلسطينية

وحدة وطنية

تعبئة قومية

تحرير

En mai **1967**, l'Égypte procède à d'importants mouvements de troupes dans le désert du Sinaï. Nasser exige le départ des forces de maintien de l'ordre de l'ONU (qui s'y trouvent depuis 1957) et signe une alliance militaire avec la Jordanie. Il impose le blocus du détroit de Tiran, interdisant l'accès d'Israël à la mer Rouge. Israël décide de lancer une attaque préventive contre l'Égypte le 5 juin 1967. C'est le début d'une guerre qui va durer **six jours**.

Couvertures du magazine américain *Life*, faisant écho à la guerre des Six-Jours (16 et 23 juin 1967)

LIFE
WRAP-UP OF THE ASTOUNDING WAR
Israeli soldier cools off in the Suez Canal
JUNE 23 · 1967 · 35¢
FE
MIDEAST UNHINGED–
THE ISRAELI ONSLAUGHT
Egyptians flatten themselves in surrender to advancing Israeli troops in the Gaza Strip
JUNE 16 · 1967 · 35¢

Six jours de combat, du 5 au 10 juin 1967, suffisent en effet à la **victoire d'Israël** sur ses voisins arabes.

Troupes israéliennes dépassant l'épave d'un avion ennemi près de l'aéroport d'El Arish (juin 1967)
Au matin du 5 juin 1967, des avions israéliens survolent la Méditerranée à très basse altitude pour éviter les radars et attaquent les aérodromes égyptiens. En peu de temps, Israël détruit la majorité des avions militaires égyptiens. Ce succès, qui réjouit les stratèges israéliens, leur apporte une supériorité aérienne totale et un grand avantage durant le conflit.

Au terme d'une guerre éclair de moins d'une semaine, l'État juif **triple** sa superficie en annexant la Cisjordanie, la bande de Gaza, le Golan, la péninsule du Sinaï et Jérusalem-Est.

Jérusalem, qui était divisée entre Israël et la Jordanie depuis 1949, passe entièrement sous contrôle israélien.

Nouvelle carte des territoires sous domination israélienne après la guerre des Six-Jours (1967)
La péninsule du Sinaï, dont on ne voit pas l'extrémité, est totalement occupée par l'armée israëlienne.

Liban
Litani
Syrie
Golan
Lac de Tibériade
Yarmouk
Acre
Haïfa
Nazareth
Mer
Méditerranée
Djenin
Naplouse
Jourdain
Tel-Aviv
Ramla
JÉRUSALEM
Bethléem
Hébron
Mer Morte
Port-Saïd
Beersheba
Jordanie
État d'Israël
Territoires gagnés par Israël durant la guerre
Pays arabes
Sinaï égyptien
Eilat
Mer Rouge

La prise de la vieille ville de Jérusalem par les commandos israéliens est très **symbolique** de la défaite arabe. La cité des trois religions du Livre est proclamée **capitale d'Israël**. L'esplanade des Mosquées, ou Haram al-Sharif — qui surplombe le Mur des lamentations —, troisième lieu saint de l'islam, tombe sous autorité israélienne.

Soldats israéliens se tenant à côté du Mur des lamentations, après la reprise de la vieille ville durant la guerre des Six-Jours (Jérusalem, 9 juin 1967)

Suite à la guerre des Six-Jours, Israël acquiert une **puissance considérable** dans toute la région. Les conséquences de ce conflit sont encore particulièrement vivaces **aujourd'hui**, influençant la géopolitique de cette zone.

Couverture de *Paris Match* (10 novembre 1956)
Après la guerre des Six-Jours, Moshe Dayan, chef d'état-major des armées, devient une figure symbolique d'Israël, dans le pays comme à l'international. Ceci, malgré le fait qu'il n'ait pas pris part aux combats.

PARIS MATCH
N° 396 SAMEDI 10 NOVEMBRE 1956 50 Fr.
Afrique du Nord 60 fr. — Maroc 65 fr. — G. B. 1/6. — Belg. 10 fr.
Suisse 0.90 — Canada 25 cents. — Esp. 12 peset. — Turquie 85 piast.

LA GUERRE CHEZ NASSER

LE CHEF DE L'ARMÉE D'ISRAEL

A la tête des troupes qui ont pénétré en Egypte, Moshe Dayan qui, il y a treize ans, perdit un œil en Syrie. Ses troupes l'appellent « Notre Hannibal ».

Photo Burt Glinn - Magnum.

L'expression **« territoires occupés »** trouve son origine dans la **résolution 242** de l'ONU du 22 novembre 1967.

Elle désigne les territoires qui ont été conquis lors de la guerre des Six-Jours :

— la bande de Gaza et la péninsule du Sinaï ;

— la Cisjordanie, dont Jérusalem-Est ;

— le plateau du Golan, au Liban-Sud.

Carte d'Israël et des territoires palestiniens occupés
Le Conseil de sécurité de l'ONU demande le « retrait des forces armées israéliennes des territoires occupés lors du récent conflit ». Le texte non traduit demeure moins précis : « from territories occupied », qui peut se traduire « de territoires » ou « des territoires », cette dernière interprétation signifiant la totalité des territoires occupés.

BEYROUTH
Liban
DAMAS
Litani
Qiryat Shemona
Al Qunaytirah
Golan
Nahariya
Acre
Haïfa
Nazareth
Lac de Tibériade
Yarmouk
Syrie
Afula
Mer Méditerranée
Hadera
Tulkarem
Herzliya
Jourdain
Naplouse
Tel-Aviv
Rishon Le Ziyyon
Ramla
JÉRICHO
AMMAN
JÉRUSALEM
Bethléem
Ashkelon
Mer Morte
Gaza
Hébron
Khan Younès
Beersheba
Karak
Dimona
gypte
Transjordanie
État d'Israël
Territoires occupés
Eilat
Mer Rouge

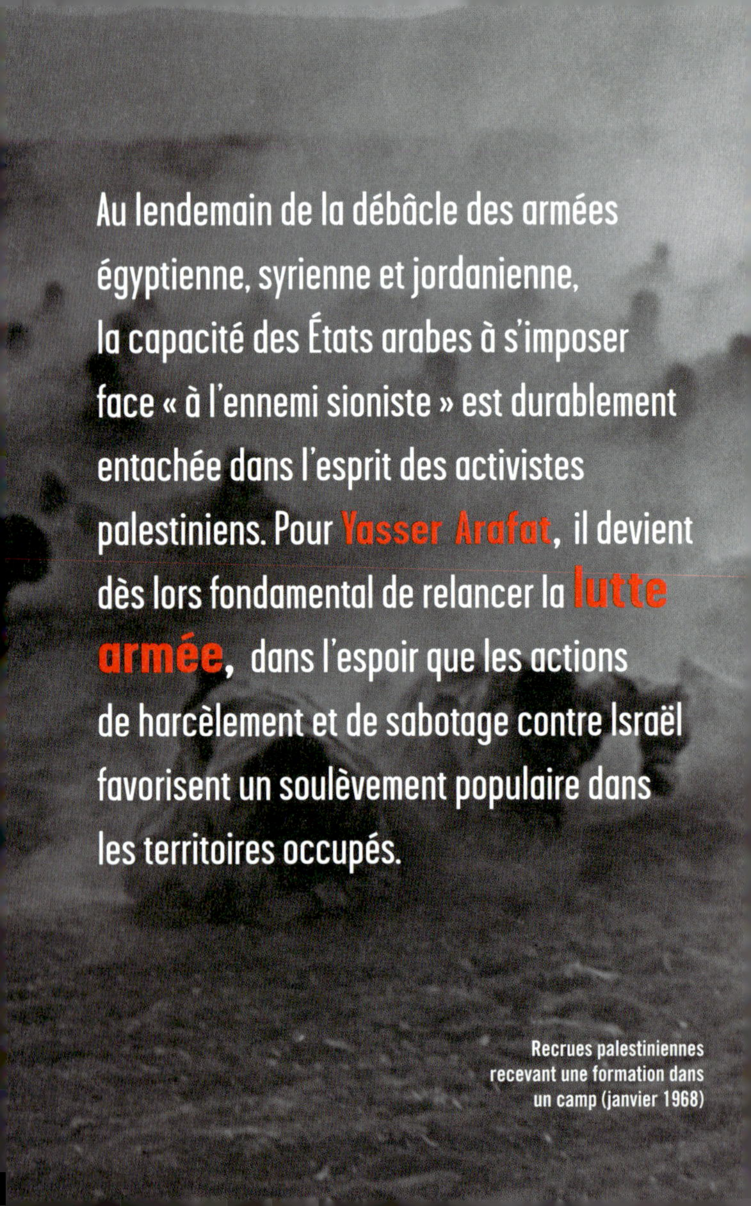

Au lendemain de la débâcle des armées égyptienne, syrienne et jordanienne, la capacité des États arabes à s'imposer face « à l'ennemi sioniste » est durablement entachée dans l'esprit des activistes palestiniens. Pour **Yasser Arafat**, il devient dès lors fondamental de relancer la **lutte armée**, dans l'espoir que les actions de harcèlement et de sabotage contre Israël favorisent un soulèvement populaire dans les territoires occupés.

Recrues palestiniennes recevant une formation dans un camp (janvier 1968)

Les **fedayins** deviennent à la fois le centre et le symbole de la résistance arabe contre Israël. La bataille de **Karameh**, village de réfugiés palestiniens en Jordanie attaqué par les troupes israéliennes, propulse Yasser Arafat sur le devant de la scène : l'opinion publique arabe se prononce pour le Fatah. **Arafat** prend la tête du comité exécutif de l'OLP en 1969.

Le Premier ministre israélien Levi Eshkol entouré du commandant Ariel Sharon, à gauche, et du général Haïm Bar Lev, à droite (1968)
Le 20 mars 1968, l'armée israélienne attaque la base du Fatah, installée dans le camp palestinien de Karameh en Jordanie. Le bilan de l'assaut est plutôt mitigé et le Fatah gagne en popularité.

Après la guerre des Six-Jours, le Fatah a établi ses bases arrière en **Jordanie**, où 300 000 Palestiniens ont trouvé refuge. Il y est un véritable « État dans l'État », qui remet en cause le roi Hussein et procède à des actes terroristes en Jordanie même. Le roi n' a d'autre choix que la force pour asseoir son autorité. Au mois de septembre 1970, le **« Septembre noir »**, l'armée jordanienne bombarde les camps de réfugiés. Les combats, d'une violence inouïe, font 15 000 victimes parmi les Palestiniens. Les fedayins se réfugient au **Liban-Sud**.

Hussein de Jordanie (1935-1999), photographié le 4 septembre 1970, à Amman
Le roi tente de rétablir l'ordre en Jordanie après qu'une guerre civile a éclaté entre l'armée et diverses forces palestiniennes.

L'OLP modifie et radicalise sa charte en juillet 1968. D'autres organisations palestiniennes apparaissent, comme le FPLP de Georges Habache, qui multiplient les attentats anti-Israéliens à l'étranger et plongent dans le **terrorisme**.
L'opération la plus tristement spectaculaire se produit lors des JO de **Munich** en 1972. La cause palestinienne devient connue dans le monde entier.

Un des terroristes dans le village olympique de Munich (7 septembre 1972)
Des membres de l'organisation palestinienne Septembre noir attaquent l'équipe olympique israélienne. Ils tuent deux soldats israéliens et prennent en otage neuf personnes. Ces otages sont tués au cours de l'intervention des forces de l'ordre à l'aéroport de Munich.

Pendant ce temps, **Anouar el-Sadate**, le président égyptien successeur de Nasser, songe à récupérer le Sinaï perdu en 1967 lors de la guerre des Six-Jours. Il s'assure le soutien des Syriens, qui doivent lancer une attaque coordonnée pour récupérer le plateau du Golan. Le 6 octobre 1973, lors de la fête juive de **Yom Kippour** (le jour du Grand Pardon), l'armée égyptienne franchit le canal du Suez et attaque Israël par surprise.

Anouar el-Sadate (1918-1981), photographié le 3 août 1972
Le président égyptien observe des manœuvres effectuées par les forces armées égyptiennes. Sadate devient président en 1970 et le reste jusqu'à son assassinat, en 1981.

Si durant quelques jours l'issue du conflit semble incertaine, Israël finit toutefois par l'emporter. Mais les revers rencontrés par l'armée israélienne démontrent la nécessité de relancer le processus de paix. Le président égyptien, **Anouar el-Sadate**, remporte, de ce point de vue, une victoire politique en prouvant que la Tsahal n'est pas invincible et en restaurant l'honneur arabe perdu en 1967.

Le ministre de la Défense israélien s'adresse au Premier ministre Golda Meir (26 juillet 1972)
Lorsqu'elle apprend l'imminence de l'assaut arabe, Golda Meir prend la décision, controversée, de ne pas déclencher d'attaque préventive, alors que cela avait été fait en 1967. Bien que l'opinion publique israélienne réclame leur démission (en particulier celle de Moshe Dayan), Dayan et Meir ne sont, par la suite, pas tenus pour responsables. Meir finit cependant par démissionner le 11 avril 1974.

Sadate, lassé par la lenteur des négociations de paix, effectue de façon inattendue un voyage officiel en Israël, devenant ainsi le premier leader arabe à reconnaître *de facto* l'existence du pays. Le processus de **paix** est enclenché. Le président américain Jimmy Carter convie donc Sadate et Begin à un sommet à **Camp David**.

Rencontre entre le président égyptien Sadate, à gauche, et le Premier ministre israélien Begin, à droite (Israël, 19 novembre 1977)
Seize mois plus tard, le 26 mars 1979, Israël et l'Égypte signent un traité de paix à Washington : l'Égypte devient ainsi la première nation arabe à reconnaître l'État juif.

Les **accords de Camp David** sont signés le 17 septembre 1978 par le président égyptien Anouar el-Sadate et le Premier ministre israélien Menahem Begin, sous la médiation de Jimmy Carter. Mais la question palestinienne n'est pas au centre des débats. La partie des accords sur le sort de la Cisjordanie et de la bande de Gaza reste évasive et ne sera jamais appliquée.
Les **Palestiniens se sentent trahis** par ces accords de paix signés sans eux.

Le président américain Carter entouré de Begin et de Sadate après la signature des accords de Camp David (17 septembre 1978)

Au **Liban**, où ils se sont installés après le septembre noir, les **réfugiés palestiniens** mettent la fragile identité libanaise en danger. La question de leur naturalisation est source de **tensions entre les communautés**. Car, si la nationalité libanaise leur est donnée, un brutal déséquilibre démographique – et donc politique – entre chrétiens, sunnites (les Palestiniens) et chiites risque de fragiliser les pays.

Camp de réfugiés palestiniens à Burj al Barajinah (Liban, février 1970)
Les réfugiés palestiniens habitent dans des bidonvilles près de Beyrouth, au Liban.

La présence palestinienne au Liban et la lutte contre Israël deviennent ainsi les points principaux de tension entre **deux grands groupes** : les libanistes conservateurs chrétiens, menés par Pierre Gemayel, vieux leader de l'indépendance, et les Arabo-Palestiniens progressistes sunnites. Ces désaccords, parmi d'autres, conduisent à la **guerre du Liban**, une guerre intralibanaise qui se déroule sous le regard des deux voisins, la Syrie et Israël.

Deux miliciens sunnites durant la guerre civile libanaise (29 décembre 1975)

المرابطون

Après deux ans de violences meurtrières entre les deux parties, la **Syrie** intervient au Liban en juin 1976. La même année, la Ligue arabe crée une **force arabe de dissuasion**, après accord entre l'OLP et le gouvernement libanais, pour apaiser les tensions. Cette force est placée sous commandement syrien. Les nationalistes chrétiens ressentent négativement la présence accrue de la Syrie au Liban.

Sur le terrain, une alliance objective se noue entre **phalanges chrétiennes** et forces israéliennes, d'une part, et entre FAD et Palestiniens, d'autre part. Les camps de réfugiés servent de base et les **fedayins** lancent de nombreuses attaques sur les villes du nord. Israël attend du Liban et de la FAD qu'ils assurent sa sécurité en contrôlant l'activité des Palestiniens. Mais le Liban est trop faible et divisé pour résoudre le problème sur son territoire. Des tirs de Katiouchas par les militants de l'OLP en direction d'Israël pendant plusieurs semaines font monter les tensions. En juin **1982**, un commando de l'organisation activiste palestinienne Abou Nidal tente d'assassiner l'ambassadeur israélien à Londres, Shlomo Argov, le blessant grièvement. Israël choisit d'intervenir militairement en envahissant le Liban-Sud pour l'opération **Paix en Galilée**.

L'armée israélienne est soutenue par celle du Liban-Sud et les phalanges libanaises, majoritairement chrétiennes. L'OLP est alliée aux forces armées syriennes et à plusieurs milices libanaises, dont celle du Parti socialiste progressiste de Walid Joumblatt. Les forces armées syriennes s'effondrent rapidement, avec des pertes énormes, face à l'armée israélienne. C'est de nouveau une **victoire israélienne**.

Avion de chasse de l'armée israélienne survolant la capitale libanaise durant l'opération militaire *Paix en Galilée* (Beyrouth, 21 août 1982)

La Tsahal, commandée par Ariel Sharon, atteint la capitale et fait la jonction avec les Forces libanaises de Bachir Gemayel. 200 000 civils palestiniens ont trouvé refuge à Beyrouth. Le 21 août, sous la pression internationale et le pilonnage par l'aviation israélienne de Beyrouth-Ouest, l'OLP est évacuée vers la Tunisie. Le leader des phalangistes **Bachir Gemayel** est élu président. Il est **assassiné** trois semaines plus tard.

Bachir Gemayel (1947-1982), photographié en 1982
Le fils de Pierre Gemayel s'impose comme le chef des milices chrétiennes du Liban alors que celles-ci sont en guerre contre les milices d'Arafat. Son objectif est de faire la paix avec Israël et de chasser les Palestiniens du pays. Il serait d'ailleurs à l'origine de massacres de civils musulmans. Il est assassiné par un nationaliste syrien en 1982.

Après l'évacuation de Beyrouth par l'OLP, plusieurs centaines de milliers de Palestiniens restés sur place se trouvent brutalement privés de protection et d'encadrement. Les milices libanaises, excédées par l'assassinat de leur chef, entrent dans les camps de **Sabra** et **Chatila**, à Beyrouth-Ouest. Leur mission : trouver les combattants afin de les livrer aux Israéliens. En réalité, elles se livrent à deux jours de **massacres punitifs**, y compris de femmes et d'enfants. Dans une zone pourtant « sécurisée » par l'armée israélienne, alors dirigée par **Ariel Sharon**.

Massacre de Sabra
(16 et 17 septembre 1982)

Le **ressentiment** dans les territoires palestiniens occupés enfle, aggravé par les conditions de vie misérables et l'accélération du mouvement de **colonisation** juif :

Ariel, colonie israélienne fondée en 1978 et située dans les territoires occupés de Cisjordanie

— en grandes colonies, encouragées par l'État juif, avec des populations de 20 000 à 30 000 habitants ;

— en petites colonies « idéologiques », dans la profondeur des territoires palestiniens, souvent totalement illégales.

Cette exaspération des Palestiniens devant la colonisation et la dégradation de leur situation économique aboutit à un soulèvement général et spontané en décembre **1987**, que l'on a appelé **Intifada**. L'Intifada (en arabe : « soulèvement ») a surpris toutes les parties en présence : non seulement Israël et les pays arabes frontaliers, mais aussi l'OLP, elle-même en exil à Tunis. Elle est le signe de l'irruption de la **société palestinienne** dans le débat.

Soulèvement de la bande de Gaza
Le 8 décembre 1987, quatre Palestiniens meurent écrasés dans leur voiture par un camion israélien. Une rumeur apparaît : il s'agirait d'une vengeance mise en œuvre par le parent d'un Israélien, poignardé deux jours plus tôt. Des émeutes éclatent alors en réaction à ce que les Palestiniens considèrent comme un meurtre prémédité.

Parallèlement, dans le courant des années 1980, des mouvements intégristes **islamistes** s'emparent de la question nationale palestinienne en prônant la violence. Le **Hamas** est fondé fin 1987 en Cisjordanie par des anciens membres des Frères musulmans, une organisation panislamique. Son programme : la destruction de l'État d'Israël et l'instauration d'un État islamique palestinien sur toute la terre de l'ancienne Palestine.

Drapeau du Hamas
Il y est écrit en calligraphie arabe « shahâda », ce qui signifie « témoignage de foi ». La shahâda occupe la place de premier pilier de l'Islam. La couleur verte a une signification particulière pour les musulmans, puisqu'elle renvoie au paradis, présenté dans le Coran comme un jardin verdoyant.

لا إله إلا الله محمد رسول الله

À l'issue de la **guerre du Golfe**, les États-Unis provoquent l'ouverture de négociations multilatérales pour régler l'ensemble des problèmes du Proche-Orient et du Moyen-Orient. Israël, la Syrie, le Liban, la Jordanie et les Palestiniens sont invités à se retrouver à **Madrid** en octobre **1991**.

Les Palestiniens sont isolés. Mais les échanges avec les représentants d'Israël, poursuivis et favorisés par le gouvernement **Rabin**, conduisent aux accords d'Oslo.

Itzhak Rabin (1922-1995), photographié en 1992
Il participe à la guerre de 1948 et à celle des Six-Jours, avant de débuter une carrière politique au sein du parti travailliste. Après avoir été nommé ambassadeur d'Israël aux États-Unis, il succède à Golda Meir en devenant Premier ministre en 1974. Il brigue, en 1992, un nouveau mandat de Premier ministre.

Les **accords d'Oslo**, signés le 13 septembre 1993 à Washington par Yitzhak Rabin, Premier ministre israélien, et Yasser Arafat, chef du Fatah, sont un pas dans le **dialogue israélo-palestinien**. L'OLP reconnaît « le droit à l'État d'Israël d'exister en paix et sécurité », tandis que le gouvernement israélien reconnaît « l'OLP comme le représentant du peuple palestinien ».

Yitzhak Rabin et Yasser Arafat se serrant la main devant le président américain Bill Clinton, après la signature des accords d'Oslo (13 septembre 1993)

Les accords d'Oslo sont complétés en 1994 et 1995 par d'autres, qui prévoient l'**autogouvernement** *(self-government)* des deux régions de la bande de Gaza et de Jéricho (en Cisjordanie). L'ensemble prévoit le retrait progressif de l'armée israélienne des territoires occupés, où un gouvernement, l'**Autorité palestinienne**, et une assemblée élue doivent prendre en main la destinée du futur État palestinien. **Arafat** est élu à la tête de l'Autorité palestinienne et rentre à Gaza.

Palestiniens célébrant le retour de Yasser Arafat à Gaza (juillet 1994)

الجماهير

En décembre 1994, Yitzhak Rabin, Shimon Peres et Yasser Arafat reçoivent le **prix Nobel de la paix**. Mais ces efforts pour la paix sont de nouveau compromis par les extrêmes des deux camps.

Le 4 novembre 1995, **Yitzhak Rabin est assassiné** par un Juif orthodoxe hostile aux accords d'Oslo.

Reconstitution de l'assassinat d'Yitzhak Rabin
Le 4 novembre 1995, à la fin d'un meeting en faveur de la paix à Tel-Aviv, Yitzhak Rabin est assassiné par Ygal Amir, un Juif extrémiste. Celui-ci est arrêté et condamné à la prison à perpétuité.

Le processus de paix israélo-palestinien est considérablement **freiné** à la suite de l'assassinat de Rabin. En accentuant, dans la société israélienne, les incompréhensions entre les religieux et les laïcs, il réduit les possibilités de dialogue avec les Palestiniens. Parallèlement, la campagne d'attentats-suicides perpétrée par le Hamas et le **Djihad islamique** radicalise les Israéliens hostiles aux accords.

Palestiniens masqués membres du Djihad islamique palestinien (2011)
Ce mouvement terroriste s'est formé dans les années 1970 et se démarque du Hamas et des Frères musulmans par son idéologie révolutionnaire, inspirée par la révolution islamique iranienne. Moins influent que le Hamas dans les territoires palestiniens, le JIP entretient des liens étroits avec le Hezbollah, la Syrie et l'Iran.

Dès son retour dans les territoires palestiniens, Arafat est en butte au **Hamas**, qui rejette la coopération avec l'OLP. Les relations avec le Hamas se dégradent encore lorsqu'Arafat déclare la fin de la lutte armée contre Israël, le 24 avril **1996**. Par ailleurs, Arafat doit faire face à de nombreuses accusations de corruption et de violation des règles démocratiques. Son autorité décline dans son propre camp, alors qu'il est celui qui poursuit le processus de paix avec Israël.

Enfant tenant une bannière du Hamas à un rassemblement de ce mouvement (Hébron, 15 juillet 1997)
Le Hamas, organisation fondamentaliste islamique palestinienne, s'est fait connaître dans les mosquées, les écoles et les cliniques en mettant en place de nombreux programmes sociaux. Elle est néanmoins connue pour ses activités militaires et, notamment, ses attaques terroristes.

En juin 2000, **Ehoud Barak**, Premier ministre de l'État d'Israël depuis 1999, négocie le retrait des troupes israéliennes du **Liban-Sud**, où elles stationnent depuis 1982. La droite israélienne y voit une faiblesse face aux méthodes du Hezbollah.

Manifestation des résidents israéliens du plateau du Golan (Jérusalem, 13 décembre 1999)
Ces manifestants s'opposent au compromis territorial signé durant les négociations pour la paix avec la Syrie. Le Premier ministre Ehoud Barak annonce, le même jour, que ces négociations avec la Syrie pourrait en signifier la cession des terres gagnées durant la guerre, et ce, au désavantage des Israéliens vivant dans le secteur en question.

THE
GOLAN
IS
MY HOME

En juillet 2000, le président américain Bill Clinton invite les dirigeants israéliens et palestiniens à poursuivre les discussions de paix. Le sommet de **Camp David 2** échoue sur tous les points : retrait israélien des territoires occupés, statut de Jérusalem et retour des réfugiés en Palestine.
Cet **échec** affaiblit encore un peu plus l'autorité d'Arafat dans les territoires.

Ehoud Barak (né en 1942), photographié en 1999
Sa brillante carrière militaire lui donne une aura particulière auprès du peuple israélien. Il devient, en 1999, Premier ministre et participe au sommet de Camp David 2, qui est un échec. Les Palestiniens déclarent qu'Israël ne leur a pas proposé assez, tandis que les Israéliens affirment qu'ils ne peuvent pas faire plus. Aux États-Unis, autant qu'en Israël, on accuse Yasser Arafat d'avoir quitté la table des négociations sans faire de contre-proposition.

C'est dans ce contexte explosif de blocage du processus de paix que se déclenche une **seconde Intifada**.

Le 28 septembre 2000, **Ariel Sharon**, chef du Parti Likoud (à l'époque dans l'opposition politique au gouvernement d'Ehoud Barak), se rend sur l'esplanade du Temple. Cette visite est interprétée comme une **provocation** par les Palestiniens et la population arabe.

Mohammed al-Durah et son père, Jamal, au milieu d'un échange de tirs entre l'armée israélienne et des Palestiniens (30 septembre 2000)
Malgré les efforts du père pour protéger son fils de 12 ans, celui-ci meurt dans ses bras. Cette scène, filmée par des journalistes de France 2, fait le tour du monde. L'armée israélienne nie être l'auteur des coups de feu fatals, et ce document, d'une rare violence, fait l'objet d'une controverse internationale qui remet en cause l'authenticité de cette vidéo.

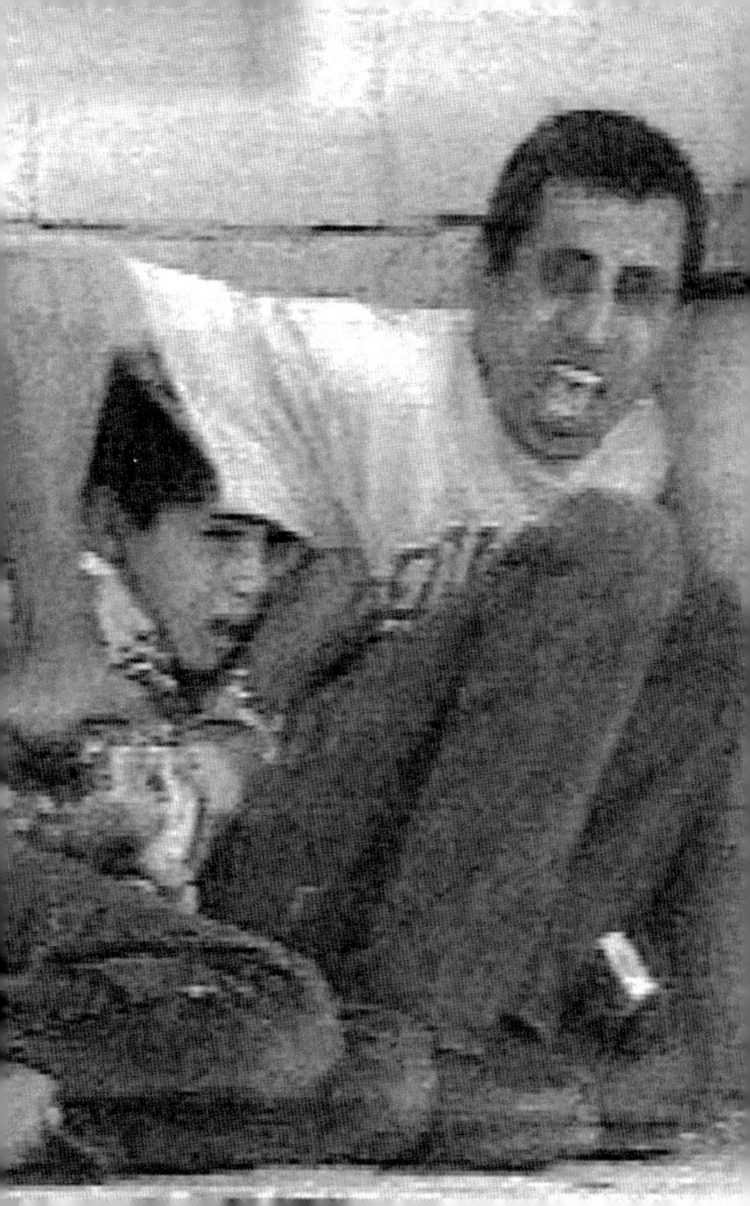

L'escalade de la violence est immédiate. Au 10 octobre, on compte déjà 90 morts et 2 000 blessés parmi les Palestiniens. Deux réservistes israéliens sont lynchés à Ramallah par la foule en colère. De nombreux attentats-suicides, ciblant principalement des civils, sont perpétrés en Israël par les organisations islamistes palestiniennes. L'armée israélienne répond par une violence accrue (tirs, tortures, assassinats ciblés).

Imagerie palestinienne
Dans les secteurs occupés, le Hamas, le Hezbollah, les Brigades d'Al Aqsa et le Djihad islamique sont les organisations armées les plus actives. Elles décrètent que les civils tués durant des affrontements sont des martyrs du Djihad.

القدس لنا
والنصر لنا

En avril **2002**, suite à la multiplication des attentats, le gouvernement israélien décide de construire une « barrière antiterroriste » à l'intérieur de la Ligne verte, incluant plusieurs grands blocs de colonies israéliennes en Cisjordanie : le **Mur de sécurité**.

Tracé de la barrière de séparation israélienne (2006)
Ce mur est, du point de vue de l'ingénierie, le plus grand projet jamais réalisé en Israël. Long de plus de 700 km, il inclut dans la zone de sécurité plusieurs grandes colonies israéliennes en Cisjordanie. Sa construction et son tracé sont contestés sur les plans politique, humain et légal. (En orange, la Cisjordanie ; en rouge, le tracé du mur qui englobe les avancées des colonies.)

Afula
Hadera
Tulkarem
Herzliya
Naplouse
Jourdain
Tel-Aviv
ishon
e Ziyyon
Ramla
JÉRICHO
JÉRUSALEM
Bethléem
Hébron
Mer
Morte

Les attentats du 11 septembre 2001 radicalisent l'attitude des États-Unis. Boycotté par le gouvernement américain, considéré comme responsable de la seconde Intifada par les Israéliens, **Yasser Arafat** passe les dernières années de sa vie dans son QG de Ramallah, encerclé par les forces israéliennes, perdant toute prise sur les événements. Il **meurt** en 2004. L'élection présidentielle palestinienne du 9 janvier 2005 désigne **Mahmud Abbas** comme nouveau président de l'Autorité palestinienne.

Mahmud Abbas, photographié en 2009 à Ramallah. Membre fondateur du Fatah dans les années 1950, il a le plus souvent été partisan de la paix et de la négociation avec les Israéliens du temps de Yasser Arafat.

En **2005**, après la mort de Yasser Arafat, Ariel Sharon relance le processus de paix avec Mahmud Abbas et décide de l'**évacuation unilatérale de la bande de Gaza** et du démantèlement des colonies juives. Pour Ariel Sharon, ce retrait est un gage de bonne volonté donné à l'opinion publique internationale et qui met la pression sur Mahmud Abbas et l'Autorité palestinienne : les Palestiniens montrent, à leur tour, des signes de lutte contre le terrorisme.

Carte des colonies israéliennes dans la bande de Gaza (décembre 1993)
Le plan de désengagement des territoires occupés mis en place par Ariel Sharon prévoit que les 25 colonies installées dans ces territoires soient démantelées avant août 2005. Après cette date, l'armée israélienne évacuera les familles restantes.

Mer Méditerranée
Aley Sinai
Dugit
Nisanit
Erez
GAZA
Nezarim
Wadi Gaza
Deir al-Balah
Kfar Darom
Nezer Hazani
Katif
Ganei Tal
Neve Dekalim
Gan Or
Pe'at Sade
Gadid
Selav
Bedolah
Bne Atzmon
Rafiah Yam
Khan Yunès
Morag
Rafah
Israël
Égypte
Ligne verte
Zone sécurisée par Israël
Territoires palestiniens
Territoires israéliens
Camps de réfugiés palestiniens
Colonies israéliennes

En février **2006**, le **Hamas** remporte les élections législatives palestiniennes. Immédiatement, c'est la crise en Palestine : des affrontements armés ont lieu entre le Fatah et le Hamas, qui prend le contrôle de la **bande de Gaza**. Les territoires palestiniens sont *de facto* **divisés en deux blocs** : la Cisjordanie sous le contrôle du Fatah et la bande de Gaza contrôlée par le Hamas, qui y institue un régime fondé sur la charia.

Affiche demandant la libération de Gilad Shalit
Ce jeune Franco-Israélien est capturé en juin 2006 par un commando du Hamas, pendant son service militaire en Israël. Il restera prisonnier jusqu'en octobre 2011, date de son échange contractuel contre 1027 détenus palestiniens.

Bring Home Gilad Shalit

HOW YOU CAN HELP

INFORM others about his illegal captivity.

CHANGE your Facebook profile picture and status in honor of Gilad.

HOLD events to educate and remind others of his plight.

SIGN the international petition: www.standwithus.com/gilad

USE your own unique skills and networks to promote awareness and change the course of his life.

Produced by StandWithUs

Depuis 2007, et malgré la condamnation par l'opinion internationale du blocus israélien de ce territoire, les habitants de la **bande de Gaza** semblent destinés à poursuivre une existence précaire, situation propice à l'éclosion de tous les **extrémismes**.

Image du film *Aisheen, Chronique de Gaza*, de Nicolas Wadimoff
La Croix-Rouge affirmait, fin 2010, que, « pour sortir le million et demi de Gazaouis de la situation précaire dans laquelle ils se trouvent,l'assistance humanitaire à elle seule ne suffit pas. La seule solution durable consiste à lever le blocus ».

En **Cisjordanie**, depuis la seconde Intifada, les conditions de vie des populations palestiniennes suscitent de plus en plus d'inquiétude. On constate une **régression** spectaculaire du niveau de vie, du niveau d'éducation et du suivi sanitaire des populations. Le principal facteur est l'accentuation de la très sévère restriction de circulation des biens et des personnes mise en place par l'armée israélienne.

Enfant palestinien face à un soldat israélien devant le mur de séparation (2004)
Ce mur, érigé sans l'accord de la communauté internationale, restreint la vie économique et sociale des Palestiniens vivant en Cisjordanie. Il est en effet de plus en plus difficile pour ces derniers de se rendre à leur travail, à l'hôpital ou encore à l'école.

love

Dans cette région, la **colonisation** et les routes d'accès morcellent le territoire, un découpage renforcé par la construction du Mur de sécurité qui ne suit pas scrupuleusement la Ligne verte de 1949 et anéantit la continuité territoriale du futur État palestinien.
Les colons israéliens représentent 20 % de la population totale en 2005. La proportion de terres palestiniennes confisquées par Israël serait d'environ 60 % en Cisjordanie.

Procession de colons juifs apportant une nouvelle Torah à Maan (Cisjordanie, 1999)
Cette colonie devait être évacuée suite à un accord entre le Premier ministre Barak et le conseil de Yesha, qui représente les colons israéliens. Située près d'Hébron, elle était, à la base, un avant-poste militaire de l'armée israélienne. Bravant la législation internationale, des civils israéliens s'y sont installés en 1982 et s'opposent, depuis, à toute évacuation.

USA

Dès 1949, l'État d'Israël a proclamé **Jérusalem** comme étant sa « capitale éternelle », une désignation qui n'est reconnue par aucun membre de la communauté internationale et qui va à l'encontre du sentiment national palestinien. Jérusalem-Est est souvent citée par les représentants palestiniens comme pouvant constituer la capitale du futur État palestinien indépendant.

Vue de Jérusalem
L'ONU considère Jérusalem-Est comme un territoire occupé. En effet, selon l'organisation, Israël a violé le droit international en annexant cette partie de la ville. La séparation est/ouest ne suit pas une ligne droite : plusieurs quartiers situés au nord et au sud de la ville font partie de Jérusalem-Est.

L'accès à l'**eau** est également un objet d'opposition majeur entre Israël et l'Autorité palestinienne. Aujourd'hui, l'État juif contrôle la majorité des ressources en eau et, dans la perspective de la création d'un État palestinien, leur futur partage sera évidemment trés difficile à déterminer.

Champs cultivés le long du sinueux fleuve Jourdain (1965)
Malgré les négociations des accords d'Oslo, les nappes phréatiques de Cisjordanie sont en grande partie contrôlées par Israël, à qui elle fournit actuellement un tiers de sa consommation.

Aujourd'hui,

les **révolutions arabes** de 2011, si elles parviennent à installer la démocratie là où elles ont éclos, peuvent indirectement entraîner un retour du dialogue. En septembre de la même année, Mahmoud Abbas demande officiellement à la tribune des Nations unies l'adhésion de l'État palestinien à l'ONU. Cette demande, qui a peu de chances d'aboutir face au veto des États-Unis et aux pressions d'Israël, devrait cependant contribuer à faire avancer la question palestinienne, **moins que jamais résolue**.

En 2002, Kofi Annan, secrétaire général des Nations unies, énonçait déjà clairement ce qu'il estime être les **droits et devoirs respectifs des Palestiniens et des Israéliens.** C'est une belle conclusion :

« **Aux Palestiniens**, je dis : vous avez le droit inaliénable à un État viable à l'intérieur de frontières sûres et internationalement reconnues, mais vous devez mettre un terme à tous les actes de terreur et aux bombes-suicides. Prendre délibérément pour cible des civils est moralement répugnant.

Aux Israéliens, je dis : vous avez le droit de vivre en paix et en sécurité à l'intérieur de frontières internationalement reconnues, mais vous devez mettre un terme à l'occupation illégale et, encore plus urgemment, vous devez arrêter le bombardement des zones civiles, les assassinats, l'emploi non nécessaire de la force létale, les démolitions [de maisons] et les humiliations quotidiennes des Palestiniens ordinaires.

Aux dirigeants des deux parties, je dis : vous pouvez encore éloigner vos peuples du désastre. »

Pour en savoir plus

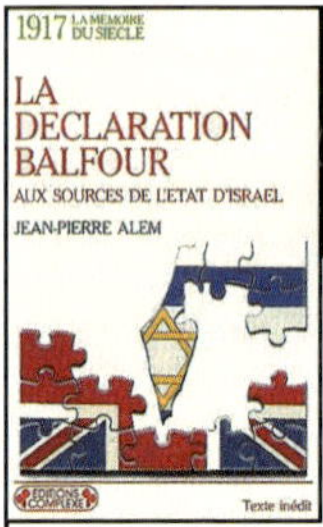

La déclaration Balfour, aux sources de l'État d'Israël

JEAN-PIERRE ALEM

ESSAI

Lord Balfour, le ministre britannique des Affaires étrangères, publie en 1917, une lettre indiquant que son gouvernement est disposé à créer en Palestine un « foyer national pour le peuple juif ». Il inaugure ainsi le processus de création de l'État d'Israël. Jean-Pierre Alem nous propose une analyse rigoureuse du contexte et du contenu de la déclaration Balfour afin de répondre aux interrogations qu'elle suscite et met ainsi en lumière de nombreux événements du conflit israélo-palestinien.

Éditeur : Complexe

Israël – Palestine

ESTHER BENBASSA

ESSAI

Le conflit israélo-palestinien focalise l'attention et entretient les passions bien plus que n'importe quel autre conflit armé et meurtrier. Cet essai, en réunissant les meilleurs spécialistes – chercheurs, experts, journalistes –, tente d'apporter un regard dépassionné sur ces événements qui enfièvrent l'opinion du monde entier. Au total, vingt contributeurs dressent un état des lieux précis du conflit et s'interrogent sur son traitement par les médias afin d'en saisir tous les enjeux.

Éditeur : CNRS Édition

Israël, Palestine : vérités sur un conflit

ALAIN GRESH

ESSAI

Alain Gresh, rédacteur en chef du Monde diplomatique, retrace dans cet essai la longue histoire du conflit israélo-palestinien, des débuts du sionisme à la fin du XIXe siècle, jusqu'à l'enlisement du processus de paix, au lendemain des attentats du 11 septembre 2001. Et, comme ces indispensables rappels ne peuvent suffire, il replace ces événements dans un cadre d'analyse qui leur donne un sens par rapport aux grandes évolutions mondiales.

Éditeur : Pluriel

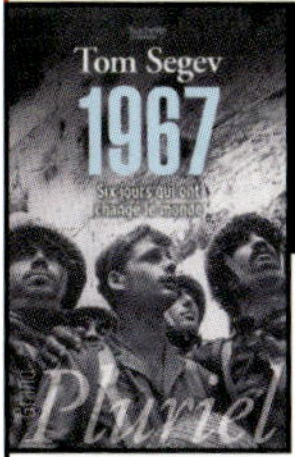

1967 : Six jours qui ont changé le monde

TOM SEGEV

ESSAI

En juin 1967, Israël sort victorieuse de la guerre des Six-Jours face aux armées d'Égypte, de Jordanie et de Syrie. En mêlant le récit détaillé de ce conflit à celui de ses acteurs – puissants ou anonymes –, Tom Segev dresse un véritable portrait de la société israélienne vingt ans après la fondation de l'État hébreux. Il revient dans cet ouvrage sur chacun des sujets qui ont fait la guerre des Six-Jours en leur apportant une dimension nouvelle, profondément humaine.

Éditeur : Denoël

Pour en savoir plus

L'attentat

YASMINA KHADRA

ROMAN

À l'hôpital de Tel-Aviv, Amine, chirurgien israélien d'origine palestinienne, tente de sauver les victimes d'un attentat. Dans la nuit qui suit le carnage, il est appelé pour examiner le corps de la kamikaze. Il découvre alors avec stupeur qu'il s'agit de sa propre femme. Rapidement, l'abattement et la colère font place à la volonté de comprendre ce qui a pu pousser celle qu'il aime à commettre un tel acte. Il se lance ainsi dans une enquête qui le mène au cœur de la lutte des Palestiniens.

Éditeur : Pocket

Une bouteille dans la mer de Gaza

VALERIE ZENATTI

JEUNESSE

Tal, 17 ans, habite à Jérusalem. Lorsqu'un attentat à lieu dans son quartier, elle décide d'envoyer un message à un habitant de la bande de Gaza par l'intermédiaire d'une bouteille à la mer. Naïm, un jeune Palestinien, lui répond sur l'adresse électronique qu'elle a créée pour l'occasion. Une étrange correspondance s'instaure alors entre ces deux personnages que tout oppose. Sauront-ils aller au-delà des barrières et faire la paix que leurs parents n'ont pas su faire ?

Éditeur : École des Loisirs

Valse avec Bachir

ARI FOLMAN

FILM

Le réalisateur Ari Folman a dix-neuf ans lorsqu'il fait son service militaire durant l'invasion du Liban en 1982. Vingt-six ans plus tard, en proie à des cauchemars récurrents, il décide de partir en quête des souvenirs de cette période de sa vie qu'il a enfouie au plus profond de sa mémoire. Des images du massacre des camps palestiniens de Sabra et Chatila refont alors surface…

Distributeur : Le Pacte

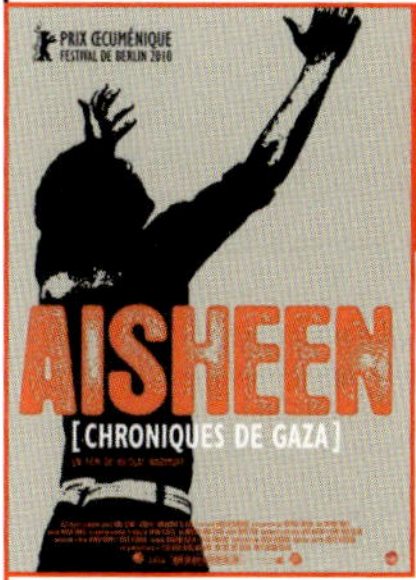

Aisheen [chroniques de Gaza]

NICOLAS WADIMOFF

FILM

En janvier 2009, un cessez-le-feu est proclamé à Gaza. Le bilan est lourd : 1 330 Palestiniens tués en trois semaines de tirs. Les dégâts matériels sont également sévères. En février, Nicolas Wadimoff profite de cette accalmie pour filmer de l'intérieur ce bout de terre coincé entre Israël, l'Égypte et la mer. En quatorze jours de tournage, il découvre des lieux inconnus des journalistes, donne la parole à ceux que l'on entend peu et dévoile Gaza comme on ne l'a jamais vue.

Distributeur : Solaris Distribution

Crédits photographiques

Les crédits ci-dessous sont classés par ordre d'apparition des visuels dans l'ouvrage. Malgré toute l'attention portée à cet index, des erreurs ont pu se glisser. Malgré nos démarches, nous n'avons pu retrouver l'origine de certaines iconographies. Leurs auteurs ou éventuels ayants-droit peuvent prendre contact avec l'agence MediaSarbacane.

Couverture et page de titre : Agence Media.
Pages intérieures : Wikimedia Commons/NASA, DR, DR, Wikimedia Commons/Library of Congress, Wikimedia Commons, Wikimedia Commons/Library of Congress, AKG Images, Wikimedia Commons, DR, Bank of Israel, Buyenlarge/Getty Images, Wikimedia Commons, Popperfoto/Getty Images, DR, Agence Media, Library of Congress, Wikimedia Commons, Weizmann Institute of Science, Wikimedia Commons/Archive du Centre Sioniste/Bibliothèque d'Harvard, Wikimedia Commons, Library of Congress, DR, Library of Congress, DR, Wikimedia Commons/permitted by the family of the late Raphael Roschinski, Imagno/Getty Images, Wikimedia Commons, Wikimedia Commons, Wikimedia Commons, Getty Images, Library of Congress, Agence Media, Universal Images Group/Getty Images, NY Daily News Archive/Getty Images, John Phillips/ Time & Life Pictures/Getty Images, DR, DR, DR, Fox Photos/Getty Images, Getty Images, Wikimedia Commons/Jeff Dahl, Wikimedia Commons, Agence Media, Hans Pinn/GPO/Getty Images, Frank Scherschel/Time Life Pictures/Getty Images, Zoltan Kluger/GPO/Getty Images, Agence Media, John Phillips/Time & Life Pictures/Getty Images, GPO/Getty Images, Agence Media, Wikimedia Commons/Shy Halatzi, John Phillips/Time Life Pictures/Getty Images, Wikimedia Commons/ Hanini, Wikimedia Commons/Unrwa, Wikimedia Commons, Thomas D. Mcavoy/Time Life Pictures/Getty Images, Howard Sochurek/Time Life Pictures/Getty Images, Getty Images, Agence Media, Agence Media, DR, Express Newspapers/Getty Images, Agence Media, David Rubinger/Hulton Archive/Getty Images, DR, Agence Media, Terrence Spencer/Time Life Pictures/Getty Images, DPA/AKG Images, Central Press/Getty Images, Keystone/Getty Images, Keystone/Getty Images, David Rubinger/Time Life Pictures/Getty Images, Ya'akov Sa'ar/GPO/Getty Images, Keystone/Getty Images, George F. Mobley/National Geographic/Getty Images, Keystone/Getty Images, Eitan Haber/GPO/Getty Images, Paul Saad, XDR, DR, David Rubinger/Time Life Pictures/Getty Images, Wikimedia Commons, David Rubinger/Time Life Pictures/Getty Images, DR, Tom Stoddart/Getty Images, Israël Security Agency, XDR, Piotr Malecki/Liaison, Brian Hendler/Getty Images, David Rubinger/Time Life Pictures/Getty Images, DR, XDR, Agence Media, AFP, Agence Media, DR, Aisheen, chroniques de Gaza de Nicolas Wadimoff, Wikimedia Commons/Justin McIntosh, Bryan Mcburney/Getty Images, Michel Hasson, Frank & Helen Schreider/National Geographic/Getty Images, Palestine Monitor.

Dans la même collection

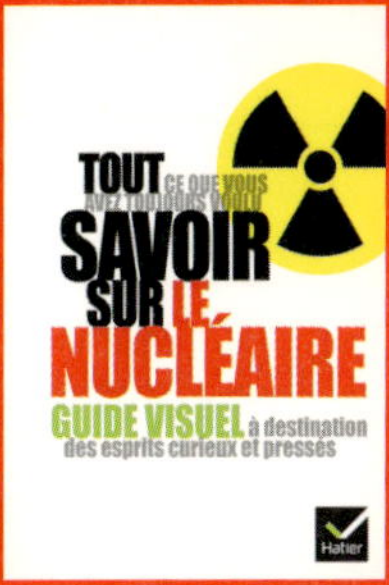

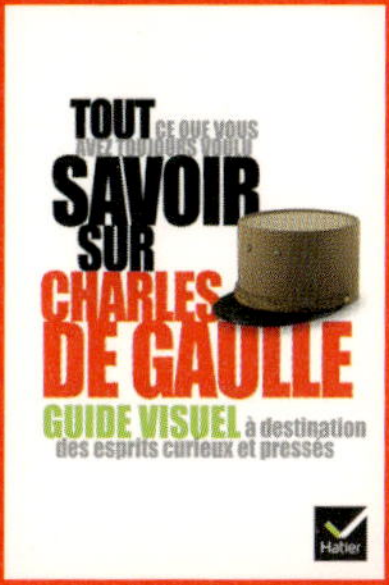

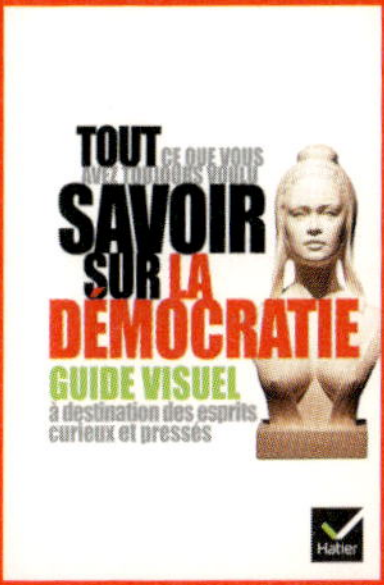

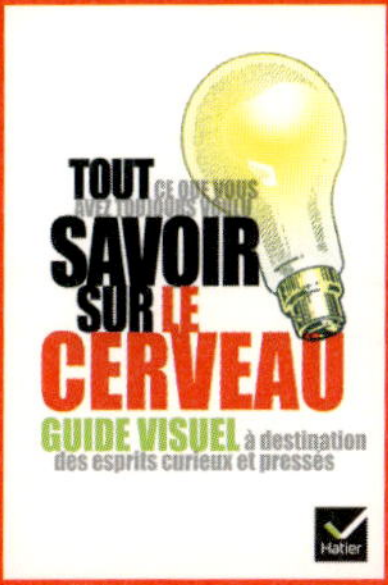

À paraître :

- La Chine
- L'eau
- Marilyn Monroe
- Les abeilles
- Le corps humain
- La mafia